多彩和鸣

二〇二三『贵轩』文汇

中共贵州省委宣传部 编

贵州元素　全局视野

多彩描画　自信表达

孔學堂書局

图书在版编目（CIP）数据

多彩和鸣：2023"贵轩"文汇 / 中共贵州省委宣传部编． — 贵阳：孔学堂书局，2024.6
　　ISBN 978-7-80770-523-9

　　Ⅰ．①多… Ⅱ．①中… Ⅲ．①报告文学－作品集－中国－当代 Ⅳ．① I25

中国国家版本馆 CIP 数据核字（2024）第 082436 号

多彩和鸣：2023"贵轩"文汇　　中共贵州省委宣传部 编
DUOCAI HEMING : 2023 GUIXUAN WEN HUI

责任编辑：张基强
责任校对：黄文华
书籍设计：付连莉

出版发行	：	贵州日报当代融媒体集团
		孔学堂书局
地　　址	：	贵阳市乌当区大坡路 26 号
印　　刷	：	贵阳精彩数字印刷有限公司
开　　本	：	787mm×1092mm　1/16
字　　数	：	180 千字
印　　张	：	19
版　　次	：	2024 年 6 月第 1 版
印　　次	：	2024 年 6 月第 1 次
书　　号	：	ISBN 978-7-80770-523-9
定　　价	：	68.00 元

版权所有·翻印必究

目 录

◆ 多彩新论

3/ 如何认识贵州桥的精神价值

14/ 一张张世界级名片，一场场史诗级诉说

21/ 山地对贵州人意味着什么

27/ 贵州文化的"洞中奇缘"

36/ 贵州之春：如歌岁月，花样年华

42/ 何以说贵州懂"绿"

49/ 从"三器"看贵州的变迁与发展

56/ 数博会给贵州带来哪些价值

63/ 让创新文化在贵州大地蔚然成风

68/ 贵州酒文化里的开放基因

73/ 都匀毛尖，香飘世界的好茶

80/ 万峰成林处　阳光黔西南

84/ 让贵州非遗潮起来、活起来、火起来

◆ 文脉探源

93/ 贵州屯堡，有何重大价值

99/ 让屯堡文化绽放时代光彩
104/ 阳明先生是"一夕悟道"吗
110/ 几则阳明的故事 几点成长的思考
117/ 从孔学堂文明论坛看阳明文化转化运用
123/ 孔学堂书博会，这场书香盛宴如何更有营养

◆ **现象追踪**

131/ "村BA"热浪未退，"村超"热浪又起，缘何
137/ 风从"两江"起
144/ 在"村超"中感受浓郁乡土味和最炫民族风
150/ 探探"村BA""村超"里的大融合
156/ 贵阳，何以成为不一样的"爱乐之城"
162/ 年味是什么味
167/ 一张明信片，何以穿越时空

◆ **艺海留声**

173/ 丁宝桢的为官之道，给我们哪些启示
182/《县委大院》热播，你看到了什么
191/ 群星奖，《守望·撒麻》为什么能
196/ 看贵州文艺如何立传、画像、明德
204/ 多彩贵州文化艺术节如何越办越好
210/《绣琳琅》秀出国际新高度
214/ 好儿好女好家园，一首好听又好看的歌

◆ **诗意远方**

221/ 打造世界级旅游目的地，贵州底气何在

227/ 这届旅发大会，看点在哪里

233/ 丹寨万达小镇实现客流量逆势增长，她做对了啥

238/ 文旅局长们"内卷"，我们思考点啥

245/ 坚决铲除"强迫消费"的土壤

250/ 贵州民宿，为你提供诗意栖居之选

256/ "平平无奇"的油菜花缘何"惊艳出圈"

◆ **求真尚行**

267/ 贵州宣传工作面临哪些新使命新任务

271/ 2023年的贵州宣传工作有哪些重点

276/ 以高质量宣传队伍推动宣传工作高质量发展

282/ 贵州"理论宣传二人讲"为何能受到群众欢迎

287/ 百年大党如何用好调查研究这个"传家宝"

294/ 调查研究的目的就是解决问题

多彩新论

　　地处祖国大西南的贵州，进入新时代后，得益于政策的给力、经济的腾飞，彻底撕掉了千百年来绝对贫困的标签，实现了物质和精神两个层面的"千年之变"，贵州人的精神面貌焕然一新。在喀斯特沟壑纵横的土地上，一座座世界级高桥让天堑变通途，曾经藏在深闺的动人景色、丰富文化也逐渐被世人所熟悉，多彩贵州以崭新姿态迎接世界目光。

如何认识贵州桥的精神价值

> 贵州桥可以称作感恩之桥、赶超之桥、开放之桥、民生之桥、民族之桥、风景之桥，生动展示着贵州物质和精神两个层面的"千年之变"，蕴含着独特而丰富的精神文化价值。

桥，是"架在水上或空中便于通行的建筑物"。

随着经济社会的发展，桥日益深入人们的生产生活，以其实用功能便利了交通，以其优美形态和地标性特征融入了文化，给人无限遐想。在古往今来无数文人墨客的反复描摹书写下，在广大人民群众连续不断的集体创造中，桥越来越成为一个特别的文化符号，饱含着跨越、沟通、思念、和谐、联动等多元的精神意象和丰富的文化内涵。

贵州地处中国西南腹地，境内喀斯特地貌广布，山多地少、山高谷深、重峦叠嶂、沟壑纵横，两地两山之间往往隔谷隔河相望，"睁眼看得见、抬腿走半天"，对桥的渴盼深入每个山民的骨髓，刻进各族干部群众的基因。改革开放特别是进入新时代以来，在党中央的亲切关怀和坚强领导下，贵州人逢山开隧、遇水架桥，攻克了一个又一个的控制性工程，架起了一座又一座的世界级桥梁，刷新了一项又一项的"世界纪录"，以"甲天下"的桥梁建设实在成果助推实现全面小康的宏伟目标，助力创造"黄金十年"的辉煌成就，很大程度上打开了山隔水阻的开放大门，解除了肩挑背驮的民生之艰、结束了一些地方"孤岛"般的生存状态，造就了形态万千的美丽景观。

从这个意义上说，贵州桥可以称作感恩之桥、赶超之桥、开放之桥、民生之桥、民族之桥、风景之桥，生动展示着贵州物质和精神两个层面的"千年之变"，蕴含着独特而丰富的精神文化价值。

一

一座座贵州桥飞架于黔中大地，在每一个攻坚克难的险关隘口刻画着贵州人牢记嘱托、勇闯新路，感恩思进、感恩奋进的精神群像。

新时代以来，在贵州发展的每一个关键时刻，习近平总书记都从战略全局的高度为贵州把脉定向，擘画了一条有别于东部、不同于西部其他省份的发展新路。贵州儿女感恩思进、感恩奋进，牢记嘱托闯新路，用行动书写着答卷，用奋斗创造着奇迹。

在习近平总书记的亲切关怀和党中央、国务院的大力支持下，十年间，国务院两次专门发文支持贵州，这在贵州历史上是从来没有过的。2012年国务院出台的国发2号文件开篇即指出，"由于自然地理等原因，贵州发展仍存在特殊困难"，受到交通基础设施薄弱等瓶颈制约，强调要"坚持把交通基础设施建设放在优先位置"，打破交通瓶颈制约。

如果说交通是贵州发展的瓶颈，那么桥梁则是瓶颈中的瓶颈。在资源力量有限的条件下，全省上下创新思路、整合资源，集中力量攻坚克难，千方百计解决桥梁建设和交通建设中存在的资金、技术、生态保护等一系列问题，年复一年接续努力，在崇山峻岭间累计建起3万多座桥梁，实现悬索、斜拉、拱式、梁式类型全覆盖，创造了数十个"世界第一"，赢得了"世界桥梁博物馆"的美誉。

大道纵横，阡陌交通。万桥飞架的伟大奇迹，时时刻刻都在无声地诠释着"贵州缩影""贵州样板""贵州新路"的丰富内涵，也生动地刻画着贵州儿女感恩思进、感恩奋进的精神群像。由此我们可以说，一座桥梁就是一面感恩奋进的旗帜，一座桥梁就是一段攻坚克难的征程，一座桥梁就是一座走向胜利的丰碑。

二

　　一座座贵州桥连通了发展的高速路，车流不息的繁忙景象充分彰显着贵州人不甘落后、奋起直追，苦干实干、后发赶超的时代风貌。

　　"要想富，先修路"。这句话几乎人尽皆知，这个道理几乎无人不懂。而在"地无三里平"的贵州，修路几乎必然要建桥，筑路之难也是无人不晓，"桥隧比"之高恐怕超出想象。但为了打破受山所限的命运枷锁，自秦开"五尺道"、汉通"西南夷"、明奢香夫人建驿道以来，贵州人虽为修桥修路而伤透脑筋、费尽周折，但从未停歇脚步，总是不断挑战极限。

　　功夫不负有心人。在不甘落后、不甘垫底的进取精神支撑下，特别是在"团结奋进、拼搏创新、苦干实干、后发赶超"的新时代贵州精神感召下，贵州人民抢抓机遇，持之以恒"愚公移山"创造性转化运用现代科技，实现了由桥梁建设到交通升级、再到经济社会发展三个层面的后发赶超。可以说，一部贵州桥梁史，就是一部推动贵州经济社会发展的奋斗史。

　　通过全省上下的共同努力，贵州桥梁建设取得突破性成果，成为全国公路桥梁最多的省份。以从水面到桥面距离为标准，排名世界前 10 的桥梁，贵州有 4 座，排名前 100 的桥梁，贵州有近一半。贵州交通事业也取得历史性成就，实现了从瓶颈制约、初步缓解到基本适应、适度超前的历史性跨越，在西部地区率先实现县县通高速，率先实现村村通硬化路、村村通客运。在交通等基础设施升级的强力助推下，贵州综合经济实力实现大踏步前进，地区生产总值增速连续10年位居全国前列，经济总量超2万亿元。

这些巨大成就，从一个侧面展示了贵州人不甘落后、力争上游的奋斗姿态和累累硕果。

三

一座座贵州桥跨越关山重阻，连着过去与未来，连起山里与山外，放飞了贵州人冲出大山、走向前沿、越山而进、拥抱世界的开放理想。

"山的那边是什么呢？"这大约是很多贵州人年幼时问得最频繁的问题之一。王阳明感叹："连峰际天兮飞鸟不通"。交通的不便，不仅挡住了山里人观察世界的视野，也阻塞了走向世界的通道。正所谓"关山重阻愿难酬，欲探梅花不自由"。

其实，贵州在当代中国交通网络中具有明显的区位优势，可以用"一纵两横三角"来概括——纵向上是"一带一路"中国西部重要陆海连接线，横向上是地处以长三角一体化为龙头的长江经济带和以粤港澳大湾区为龙头的珠江—西江经济带的中间带，同成渝双城经济圈呈三角之势。但要把贵州的区位优势转化为开放优势，关键在交通，卡口在桥梁。

可以说，桥梁在很大程度上承载着贵州人走出群山、走向世界的梦想。近些年来，贵州集中优势兵力实施"交通大会战"，公路桥梁和铁路桥梁双管齐下，高速公路与高速铁路统筹推进，冲破了"大山重重阻"，打破了"九弯十八拐"，构建了一条条交通运输"大动脉"，完成了从"千沟万壑"到"高速平原"的精彩蝶变，加快了区位格局、交通格局、开放格局的历史性重塑，正深度融入"一带一路"、长江经济带和粤港澳大湾区建设，内陆腹地正在转变为开放前沿。

还应看到，桥作为实体，既是交通基础设施的关键环节，也是发展环境的"靓丽名片"，既是贵州"走出去"通江达海的重要物质依托，也是"引进来"的"形象代言人"和"务实推动者"，吸引和促进着人才、资金、科技、信息等资源要素向贵州集聚，从时间上缩小了贵州和先进地区资源分配的代差，从空间上缩短了贵州同先进地区共享资源的距离，实现了更为便捷的双向流动，让贵州立体式融入国内国际双循环成为现实。

现在，我们完全可以用全新的视角、以更广的视野，放眼"苍山如海"的苗岭之外、拨开"茫茫云海"的高原迷雾，面对和迎接来自开放前沿的壮阔东方潮！

四

一座座贵州桥让天堑变通途，打破了山里人肩挑背驮、跋山涉水的宿命桎梏，成就了贵州人踏平坎坷、走上坦途的生活梦想。

在古代，桥主要为木梁桥、铁索桥、石拱桥，跨度、规模均相对较小，看起来小而美，给人以婉约而浪漫的观感。"断桥定情""鹊桥相会"等传说故事和"曾与美人桥上别""小桥流水人家"等美丽诗句便是生动写照。

在"山路十八弯""出门就爬山"的贵州，特别是广大农村地区，桥似乎没有那么多浪漫，更多的是凭借桥的便利、免除跋山涉水的实在，更多的是大步跨越 V 形谷和 U 形谷、出入更加方便的无限感叹。在贵州这样的山地地区，造桥修路历来都是为民造福、积德累善的大事，也是实实在在的民生实事。

即便是受制于科技水平和经济实力，一直以来，贵州人也一直在造桥。比如，既可便利通行又能遮风避雨的风雨桥，看起来心惊胆颤、走起来摇摇晃晃的铁索桥，规模大大小小、形式千变万化的石拱桥，它们多得不计其数，遍布全省各地。改革开放后，特别是进入新时代以来，贵州桥梁建设进入了一个新的发展时期，跨江跨河大桥屡屡变为现实，"阁道架飞虹"不再是想象,"一桥飞架南北,天堑变通途"已经不是"夸张"。

每当大桥合龙,很多当地群众都会自发地敲锣打鼓、鸣放爆竹,表达心中的感激和喜悦。对于他们来说,只要少一段肩挑背驮爬坡上坎的艰辛路程就是满足,只要多一分早出晚归翻山过河的安全保障便是幸福!

五

一座座贵州桥搭建了民族之间共同进步的通道,强化着贵州人你中有我、我中有你的民族情感,加快了多元一体、融合发展的历史进程。

跨越时空透视历史,黔中大地因其地理位置的特殊性,自古以来就是多民族交往交流交融的重要地区,各族先民在这里"大杂居、小聚居",形成了"你中有我、我中有你"的局面和特征。

过去,贵州各民族群众受山地分割、山路阻隔影响,一直以来交通不便、交往不多、交流较少,形成了"一山不同族、十里不同风、百里不同俗"的格局,划分行政区域也往往以河为限、以山为界,被自然的山水阻隔分开。如此背景下,桥自然而然地成为两地之间、各族之间跨越山山水水、深化交流交往的重要依托。

在山地和民族地区，修桥护桥一定程度上意味着促进和巩固民族团结。桥不仅是一个民族村寨生产生活的希望，更是一个地方民族团结携手向前的象征和纽带。

新时代以来，贵州民族地区和全省各地一样，发生了天翻地覆的变化。一座座桥梁的架设开通，解决了当地老百姓翻山过河的难题，拓宽了民族之间相互沟通共同进步的通道，促进了民族地区经济社会加快发展，成为加强民族团结进步事业的一个个新的标志，成为铸牢中华民族共同体意识的一个个新的起点。

这不仅是一座座物质之桥，更是一座座推动多元一体、融合发展的民族团结之桥。

六

一座座贵州桥穿梭在崇山峻岭之间，以苍龙起舞、飞虹挂天的壮美意境给人无限遐想，也托起了人们梦寐以求的诗与远方。

新型工业化、新型城镇化、农业现代化、旅游产业化是贵州推动高质量发展的主抓手，习近平总书记专门把旅游产业化列为贵州要大力推进的"四化"之一，充分体现了对贵州旅游业的特别期许。

旅游因交通而活。新时代以来，贵州桥梁建设和交通建设取得的巨大成就,从多个方面推进了旅游业高质量发展,为我们更好地落实习近平总书记对贵州工作的重要指示精神创造了良好条件。

首先,一些贵州桥本身就是"超级工程",可以作为"特意性"旅游资源。其高度之高、跨度之大、设计之新、造型之美,在全国乃至全世界都是独一无二的,堪称"世界级资源实体"。再加上绿水青山的底色和气象万千的境界,让宏伟的桥体与壮丽的山川浑然一体,尽显天人合一、人地和谐之美,成为一道道靓丽的风景线。桥旅融合、桥体融合,风景独好、生机无限。

其次,贵州桥让全省各地交通条件得到显著提升,可进入性、通达性得到极大的改善,旅游资源优势、区位优势和生态优势因交通发展得以充分彰显,来贵州"探古寻幽"更加便捷,如珍珠般散落在黔山贵水间的景区景点、传统村落、特色风物等"随意性"资源将被便捷地串珠成链,进入游客视野、融入旅游产业链。

再有,万桥飞架也激活了各地特别是乡村地区万千活力。在交通条件突破性改善后,各地群众也逐渐"身处通衢",眼界会更加开阔,有的会自发地端上旅游的饭碗、吃上旅游饭,共同创造和分享旅游发展的红利,推动绿水青山源源不断地转化为"金山银山"。

《说文解字》注释说:"梁之字,用木跨水,今之桥也。"

但今天的贵州桥，完全超越了"桥"的字面本义，已经跳出了"连通四面八方"的简单概念。新时代的贵州桥，既是推动贵州大踏步前进的重要物质支撑，又是见证这段伟大历史和壮阔征程的特别"文物"。桥不仅可以瞧出桥的精彩，更能瞧见人的精神、时代气象，可以"桥"见贵州、"桥"瞧中国，从万桥飞架看中国奋斗。贵州桥的故事、内涵和价值，值得深入挖掘、深刻讲述和深度传播。

岳江山　汪帆　执笔

2023 年 2 月 22 日

一张张世界级名片，一场场史诗级诉说

> 贵州这片土地，充满着神秘、魅力和活力。世居在此的18个民族，用一代代人的智慧和艰辛，铸造了多张底蕴深厚、价值丰厚、多姿多彩的世界级文化名片。

贵州，满眼是青山、处处是绿水，满溢着"老天爷"的恩赐。在这里，一代又一代的贵州人传承着"老祖宗"的遗产，弘扬优秀的文化基因和精神品质，在翻滚的时代浪潮里，不断书写为"老百姓"谋求福祉的动人篇章，凝铸成一张张世界级名片，由他铺叙的一场场史诗级诉说，正回荡在这17.62万平方公里的土地上。

他们是青山与绿水的交响，让人领略"江从白鹭飞边转，云在青山缺处生"的秀美意境。

他们是传统与现代的律动，让人沁润"民族的就是世界的"文化自信。

他们是奋斗与拼搏的节奏，让人惊叹"钻天入地、天堑通途"的创造伟力。

他们是自信与自强的铿锵,让人感受"敢为人先、与时俱进"的非凡气度。

一

镌刻山水记忆,装点自然珍宝。

贵州的锦绣山河,像点缀在苍茫大地的绿宝石,熠熠夺目。延绵群山、红花绿叶、碧波秀水、急湍银瀑,无不彰显着美丽美好。

它的魅力,在于深得天地之韵律、造化之机巧,令人神往情驰。走进"中国南方喀斯特"世界自然遗产地荔波,这颗"地球绿宝石"明艳动人,小七孔的古韵拱桥、漳江水的灵动水波、喀斯特的瑰异石峰相互交织、共生共荣、绚丽多彩,让人难辨天上人间。伫立在世界自然遗产地和联合国"人与生物圈"保护网成员梵净山,云瀑、禅雾、幻影、佛光交融一体的天下奇观,让人惊叹、令人流连。

令人陶醉的山水名片,丰富了天然的艺术宝库。起伏的山峦、潺潺的溪流、争妍的繁花交相辉映,这是"地球彩带、世界花园"——百里杜鹃景区摇曳的惊世容颜。瞩目远眺,一片缤纷花影、光彩夺目,正是"蓝色星球最美的樱花园"贵安樱花园氤氲的旖旎风光。在群山之间,亚洲最大的瀑布——黄果树瀑布飞泻而下，它形如白练飞舞、声如万马奔腾，演绎着"一水云际飞"的壮阔气势。

触摸山水名片的美妙，便开始一场智慧和哲理的探索。亚洲最长的溶洞——双河溶洞，散发出"天地造化、日月精华"的纯真魅力；登临世界自然遗产地、世界最美的白云岩喀斯特——施秉云台山，可见苍山如海、茫茫云海的宏伟开阔；织金洞世界地质公园，堪称鬼斧神工、好似人间仙境；世界自然遗产地——赤水丹霞，万顷竹海碧波涌浪，亿年桫椤诉说沧桑。

二

积淀文化瑰宝，凝结民族智慧。

贵州这片土地，充满神秘、魅力和活力。世居在此的18个民族，用一代代人的智慧和艰辛，铸造了多张底蕴深厚、价值丰厚、多姿多彩的世界级文化名片。

检索这些名片，三都水书无疑是十分厚重的，这被称为"象形文字的'活化石'"，承载着几千年的文明，彰显着中华民族生生不息的文脉基因，入选《世界记忆亚太地区名录》。有世界古银杏之乡之称的妥乐村，则沉淀着上千年的岁月精华，见证着时代流转、世事变迁。

在多彩贵州这座"文化千岛"上，多种文化因子相互碰撞、交流、交融，铸造成各美其美、美美与共的生动局面。红色是贵州历史的鲜明底色，这里是中国革命生死攸关的转折地，遵义会议彪炳史册，"四渡赤水"堪称世界战争指挥史上的奇迹。屯堡文化，是随着明代"贵州建省"与生俱来的文化血脉，承载着明朝宏大的国家战略，具有维护国家统一、促进民族融合的重大价值，有专家认为其"具备申报世界遗产的潜质"。世界文化遗产遵义海龙屯遗址，是目前亚洲保存最完好的古代军事城堡。贵州还拥有人类非遗代表作名录 3 项，侗族大歌韵律优美、曲调婉转、歌声悦耳，诠释着何为世界上最具特色的原始民间音乐；石阡说春内容丰富、形式灵活、意蕴深远，启发着人们对自然和生活的思考；都匀毛尖那沁人心脾的茶香带给我们的，不仅仅是味蕾的享受，更是心灵的滋养。阳明先生在贵州参学悟道，开创"阳明心学"，将儒家之学推向新高度，在世界范围尤其对日本、韩国产生了重大影响。500 年来，阳明文化一直是中国历史文化宝库中的瑰宝，如一颗璀璨的星星，启悟一代又一代人。

　　一种文化的发展，不仅靠纵向的传承积累，还靠横向的创新创造。诸如贵州茅台酒、贵州茶叶等，既体现着对"老天爷"恩赐的保护和对"老祖宗"财富的传承，还闪烁着时代的元素和贵州人的进取精神，昭示着贵州各族儿女传承、弘扬、创新传统文化的责任和担当。

三

揭示精神密码，彰显前进力量。

得益于山水的滋养、文化的润泽，贵州人将山之风骨、山之瑰奇和山之灵魂熔铸进基因血脉中，培育出团结奋进、拼搏创新、苦干实干、后发赶超的精神，造就了一张张世界级工程名片。

崇山峻岭、江河百流，是曾经阻隔贵州世世代代发展希望的屏障。贵州以实现与群山的"和解"和"共赢"为奋斗目标，把思路和勇气都凝聚到逢山开路、遇水架桥的精神理念上，构建了闻名世界的"桥梁博物馆"。在这里，在建或建成桥梁有3万余座，实现了"千沟万壑"到"高速平原"的蝶变，向世界自豪地展示着中国奋斗的劲头和英姿。

看得远，才能走得远。在大山环抱之下，中国"天眼"，这一世界上最强大的球面射电望远镜，正以"一眼光年"的神技独步世界。这张令世人仰望的工程名片，记录着中国科技从"跟跑"到"领跑"的蝶变光影。它不仅站在当今人类科技的巅峰，还凝结着南仁东等无数建设者的心血和汗水，更蕴含着中华民族艰苦奋斗、敢为人先、勇攀高峰的精神密码。

在一项项重大工程的强力支撑下，新时代以来，贵州打赢了脱贫攻坚战，彻底撕掉了千百年的绝对贫困标签，实现物质和精神两个层面的"千年之变"。"贵州在脱贫攻坚领域取得的重大成就，是我们参考学习的榜样……"毛里求斯国家电视台如是说。

这些重大工程名片，镌刻着贵州代代相传的不屈精神，标注着贵州创造的时代高度，激励着贵州各族儿女在新征程上踔厉奋发、勇毅前行，奋发有为，书写中国式现代化的贵州实践新篇章。

四

紧跟时代步伐，绽放开放姿态。

今日之贵州，正以前所未有的广博胸襟，积极融入和服务国家重大战略，跨越关山险阻，擦亮开放名片，传递着抢抓机遇、追逐未来的干劲拼劲闯劲。

紧抓发展这个最大公约数，拉紧互利共赢的合作纽带。中国国际大数据产业博览会，充满活力、引领行业，与世界共同拥抱数字时代新机遇。中国（贵州）国际酒类博览会，奏响中国酒业和世界酒业相互交流合作的主题曲。国际山地旅游暨户外运动大会，谱写中国山地旅游业与全球山地旅游蓬勃发展的精彩华章。

透过开放名片，可照见贵州拥抱世界的主动姿态。贵州积极融入"一带一路"建设，在一个县级市创立面向国际的妥乐论坛，开启县域开放经济、增进国际交流合作的探索之路。用与众不同的热情和诚恳，铸成贵商大会，吸纳更多新"贵漂"和老"贵商"共享新时代贵州高质量发展的红利。而贵州人才博览会，则向世界展示着贵州识才爱才敬才用才、聚天下英才而用之的宽广胸怀。

由这些名片构建的开放格局，张扬着和谐、绿色的发展理念和精神追求。作为我国唯一以生态文明为主题的国家级国际性论坛，生态文明贵阳国际论坛以"天人合一，道法自然"的古老智慧，贡献着人与自然和谐共生现代化建设的思路和方案。东盟教育交流周，诠释着中国与东盟的文化相通、血脉相亲、利益相融，有力地促进着东盟各国和谐共融和友好交流。

历史悠悠，底蕴昭彰；文脉延绵，汩汩流淌。这些世界级名片，承载着自然智慧、蕴含着天下情怀、彰显着自信自强。以时代为轴、以山水为媒、以文化为魂，游目骋怀、展望未来，这些世界级名片一定能在中国式现代化的贵州实践中放射出更加绚丽多姿的时代光芒。

周黔新　执笔

2023 年 9 月 19 日

山地对贵州人意味着什么

> 由于生产条件所制,昔日生活在山地的各族人民必须互相帮助、互相依存、取长补短,才能在相对困难的自然环境中生存繁衍。在漫长的发展历程中,逐渐形成了团结、和谐、包容、互助的多民族融合发展格局,各族人民之间的交流交往展示着真诚、淳朴、自然的无言之美。

亿万年前亚欧板块和印度洋板块之间的挤压,以及漫长时间推移中造山运动、火山喷发等自然因素的影响,造就了贵州这个土地面积92.5%为山地和丘陵的中国"山地公园省"。作为古人类发祥地之一,贵州几十万年前就有人类居住和活动了。世世代代的贵州人依山而居,山地为贵州各族人民提供了广阔的生活空间,恒久滋养着、守护着这里的人们。今天,现代化进程如火如荼,正悄然改变着这片土地的自然形态和人们的生活形态。但无论怎么变,山依旧在那儿,依旧是每个贵州人身体上和精神上不可分离的依托。

那么，山地对贵州人，究竟意味着什么？

一

山地是贵州各族人民生存的摇篮。

贵州作为一个内陆省份，山地形成天然屏障，降低了台风的影响，地壳稳定的地质特征使得地震很少发生，良好的生态和典型的喀斯特地貌，又使得这里远离了沙尘暴、雾霾、严重洪涝等灾害的影响。同时，贵州森林覆盖率达到62.81%，平均海拔1100米，绝大部分区域海拔处于最适合人类生存的500米到2000米之间，亚热带季风性温润气候使得这里冬无严寒夏无酷暑。可以说，山地为贵州人提供了绝佳的生存场所，使贵州成为一个非常适宜居住和旅游的地方。

由于山地地形复杂、地势起伏大，贵州气温的垂直变化明显，形成了多类型的局部气候，这也为生物多样性创造了有利条件，继而给予生活在这里的人们以源源不断的馈赠。贵州人靠山吃山，更懂得吃山养山，自古就找到了与大自然的相处之道，就是坚持道法自然、天人合一，采取适应山地环境的生产生活方式。黔东南州从江县岜沙苗寨，这里每出生一个孩子，父母都要为其种上一棵"生命树"，这是生活在山地的贵州各族人民敬畏自然的生态理念的生动例证。而山地也向人们回馈了无尽的生存所需。从被称为"黔地无闲草、夜郎多灵药"的地道中药材，到产自于好山好水、真山真水的贵州绿色农产品；从种植面积全国第一、品质口碑不断被认可的贵州茶，到香飘世界的酱香白酒；从日益成为投资创业的热土，到越来越多的国内外游客把贵州作为避暑休闲度假的旅游目的地：无不深刻印证着贵州的秀美山川和良好生态，揭示着贵州人与山地的紧密联系。

二

山地是贵州各族人民生活的舞台。

俗话说，一方水土养一方人，一方人创造一方文化。山地不仅为世世代代的贵州人带来了物质条件，也孕育了深厚的山地文明。对贵州人来说，山地创造了独特的精神世界，承载着多姿多彩的精神生活。昔日的贵州虽然山峦交织、交通不便，但辩证地看，这也客观上造就了多元一体的民族文化。千百年来，贵州17个世居少数民族"大杂居、小聚居"，"你中有我、我中有你"，创造了"一山不同族，十里不同风，百里不同俗"的民族文化奇观，因此被称为"文化千岛""民族生态博物馆"。而贵州大地上丰富多彩的民族民间文艺，无不与山地有着密切联系。黔东南州丹寨苗族群众对大自然进行细致观察，创造了舞步轻盈、曼妙多姿的锦鸡舞。精美绝伦的苗绣、贵银、蜡染、玉屏箫笛、大方漆器等，其制作的原材料来源于贵州的山里。浪漫主义常被认为是山地文明的特征之一，居住在山地的人们往往能歌善舞，而贵州少数民族群众更是有"能说话就能唱歌、会走路就会跳舞"之美誉，如侗族大歌、布依族八音坐唱等非物质文化遗产，加上有"大节三六九、小节天天有"之称的少数民族节日、令人赞叹称奇的民俗等，共同形成了贵州山地的浪漫主义大观。以山地为舞台，贵州各族群众上演着一幕幕团结奋斗、和谐相处的生动故事，呈现着各美其美、美美与共的多彩文化形态。山地见证着贵州人热爱生活的态度和特有的生活智慧、精神世界、价值追求。

在山地旅游越来越受到游客青睐的今天，贵州山高谷深、河流众多、瀑布飞流的地形地貌，气候宜人、温泉密布的天然资源，形成了山地旅游的独特优势，为生活在这里的人们和游客享受高品质生活提供了更多的选择。近年来，贵州持续深耕文旅产业，已成为国内外知名山地旅游目的地。于贵州的奇山秀水间进行漂流、越野、攀岩、徒步、洞穴探险、低空飞行、滑雪滑草等户外运动，体验高山避暑、森林休憩、温泉健身、医药疗养等康体养生，可尽享健康之美。

三

山地是贵州各族人民生命的家园。

置身贵州群山之巅，但见苍山如海、云海茫茫，这是贵州的两片"海"。苍山如海，照见宽广博大的胸怀；茫茫云海，开阔望远求广的视野。从被称为"武陵正源，名山之宗"的梵净山，到有"贵州屋脊"之称的韭菜坪；从毛泽东留下"苍山如海，残阳如血"千古名句的大娄山，到逶迤绵延的苗岭：在贵州人心中，它们既是崇高的、神圣的，又是亲切的、熟悉的。自古以来贵州人就在山地上劳作和建设，他们克服山高坡陡、土地贫瘠的自然条件困扰，用辛勤劳动耕织传家，山地见证着贵州人不怕困难、不屈不挠的精神品格。昔日贵州山高谷深、山水阻隔，在新时代全省各族人民的共同努力下，早已实现了县县通高速，于崇山峻岭间建起一座座让人惊叹的高桥，完成了从"千沟万壑"到"高速平原"的精彩蝶变。"一片平原""两片大海"就是新时代贵州人的眼界与视野。

由于生产条件所制，昔日生活在山地的各族人民必须互相帮助、互相依存、取长补短，才能在相对困难的自然环境中生存繁衍。在漫长的发展历程中，逐渐形成了团结、和谐、包容、互助的多民族融合发展格局，各族人民之间的交流交往展示着真诚、淳朴、自然的无言之美。

贵州的群山之中，还藏着无数个美丽秘境、世外桃源，它们的存在，提供了安放心灵的场所，也为内心修炼提供了众多造化之地。500多年前，明代大儒王阳明被贬贵州后，在修文龙场潜心悟道，龙岗山中的阳明小洞天见证了阳明心学的诞生。阳明心学为何诞生于此？它不是无缘无故产生的，而是在特定的时间、地点、条件下迸发出来的思想闪电，是王阳明的人生经历和在贵州所遇到、看到的一切交互作用产生的思想顿悟。阳明心学在贵州的诞生，是山地为贵州人创造独特精神世界的一个缩影。

　　对贵州人来说，山地具有特殊的意涵，这个意涵是乡愁，是感恩，是奋斗的意义，是心灵的港湾，是精神的升华；也许还意味着很多。毫无疑问，它是贵州各族人民生命的家园。

蔡鹏　执笔

2023 年 10 月 19 日

贵州文化的"洞中奇缘"

> 洞穴，每天都因自然的溶蚀而发生着不被我们注意的变化，却因与音乐文化的融合而容光焕发、活力四射。

贵州是山的王国、水的世界、洞的博物馆，全省土地面积92.5%是山地和丘陵，喀斯特出露面积占土地面积的61.9%，喀斯特溶洞遍布全省，可以说无处不山，无山不洞，无洞不奇。

2023年"五一"假期，以"多彩贵州·别有洞听"为主题的多彩贵州溶洞音乐周在遵义市绥阳县双河溶洞国家地质公园成功举办，超1000万人次在线观看，带动"一洞出圈"的同时，也触发了我们的思考——洞穴，每天都因自然的溶蚀而发生着不被我们注意的变化，却因与音乐文化的融合而容光焕发、活力四射。这些数不胜数、形态万千的洞穴，让我们可以关注和领略的，不仅有音乐的回响、造化的神奇，也有洞天的古老、底蕴的深厚，因为这里曾孕育过灿烂的史前文明，滋养和庇护过勤劳勇敢的贵州各族先民，直到今天依旧是贵州人民的重要生产场所、文化场所，还日益成为全国乃至全世界人民的旅游胜地。

对于生于斯长于斯的贵州人来说，我们的生产生活与喀斯特息息相关，我们与洞穴早已结下不解之缘，至今仍然"人洞情未了"。洞穴那些褪去的功能和远去的沧桑值得被铭记，那些沉睡的资源及其无限的价值值得被挖掘，那些精彩的故事和独特的文化值得被演绎。

一

2023年3月底，贵州贵安新区大松山墓群荣获"2022年度全国十大考古新发现"，这也是贵州考古历史上继盘县大洞旧石器时代遗址、赫章可乐遗址墓葬、威宁中水遗址、海龙屯土司遗址、播州杨氏土司墓地、牛坡洞洞穴遗址、招果洞遗址项目之后，第八次斩获该荣誉，古代贵州的"人气"引起世人关注。

值得一提的是，这些荣登"全国十大考古新发现"的考古项目中，有三项是古人类遗址，而且都是洞穴遗址。除此之外，贵州发现的古人类洞穴遗址还有20世纪60年代发掘的黔西观音洞遗址，以及之后陆续发掘的盘县大洞遗址、桐梓岩灰洞遗址、水城硝灰洞遗址、普定穿洞遗址、兴义猫猫洞遗址、毕节青场牛鼻子洞遗址、清镇仙人洞遗址、六枝桃花洞遗址、平坝飞虎山遗址等等。据不完全统计，已发现的有数百处，有的是旧石器时代遗址，有的是新石器时代遗址，有的是旧新过渡时期遗址，且都有一个共同特点，那就是这些远古时期的贵州先民，其生活栖身的主要场所都是喀斯特洞穴。

这些考古发现，特别是出土的大量石器工具、动物化石和古人类化石以及相应遗迹，生动地印证了早在近百万年前，贵州大地上已有人类的频繁活动。之所以如此，得益于贵州特有的地质地貌、海拔高度、地理纬度等自然条件，为古人类生存发展提供了有利环境；喀斯特环境下形成的众多天然洞穴，为古人类提供了避风挡雨、冬暖夏凉且相对安全的自然居所；原始森林茂密、物种丰富、生境多样，为古人类提供了丰富的食物来源。这些条件，让他们在这里"有吃有住"，虽茹毛饮血、卑微无助却又充满幻想、生生不息，每天追逐着洞天之外的那一线曙光，在悠悠岁月中艰难跋涉，由混沌蒙昧走向文明世界。

贵州考古虽然起步较晚，但收获颇丰甚至出人意料，无可辩驳地证明远古贵州并非一片荒芜，而是充满勃勃生机；证明了这里有着悠远的史前辉煌，是人类文明的重要孕育地和发祥地之一。这些地上的、地下的和洞中的、洞外的文化遗址，正在还原着远古贵州的文化面貌和社会图景，正在展现着贵州从古至今的基本脉络和完整线索，充分彰显了蕴藏在这片多彩山水间的文化张力活力、强烈塑造着贵州人的文化自信自强。

二

一方水土养一方人。贵州特有的自然资源和特殊地形地貌，为这片土地上的各族儿女繁衍生息提供了多种可能，他们在这里从事生产生活、开展社会斗争、进行文化创造、放飞无边梦想，用智慧和艰辛成就了风情万种的"文化千岛"，留下众多弥足珍贵的文化遗产。其中，洞穴所扮演的角色不可小觑。

——洞穴是贵州各族先民的重要居住场所之一。不要说古人类，即便是有文字记载的历史中，也清晰可见洞穴作为人类之家特别是贵州各族先民居所的痕迹。《隋书》载西南地区一带少数民族曾"随山洞而居"，《太平寰宇记》讲到仡佬族之祖先曾"杂居溪洞"，《炎徼纪闻》记录了麻山地区苗族类似生活方式，侗族民歌《侗族祖宗》《祖公上河》都有侗族先民居住山洞的描述。历史上，曾把贵州、广西等西南少数民族聚居地称作"峒"、把这里的人民称作"峒人""溪洞之民"，黔南、安顺曾有"洞村"，首领称作"洞主""峒主"，"峒"有山洞的意思。可见，贵州各族先民曾据洞而居、依洞而聚，是有"洞居"历史的民族。其实，在人类尚无"工程能力"前，洞穴乃是天然的"房屋"。如此说来，贵州这片洞穴广布的土地，应该是先民们"苦苦追寻"的具有"良好生活条件"的"洞天福地"吧。

——洞穴是贵州各族人民的重要生产场所之一。有研究指出，洞穴是人类史前时期最重要的居住场所，在这里，人们完成了自身最初的文化积累，取得了极其重要的生产进步经验。考古发现中，也有众多遗存可以证明人类在洞穴里开展制作石器等生产活动。即便到了今天，在贵州各地，仍然可以发现当地人把洞穴作为生产场所的情形。比如，有的酒企充分利用天然洞穴放置特制陶坛，将原酒灌装入其中并密封后进行"洞藏"。也有群众掌握了洞穴"小气候"规律，将其作为酸汤、酸菜、糟辣椒等多种风味美食制作的场所，形成独特的饮食文化。至于将洞穴作为储藏空间，在安顺、六盘水等地乡村地区，几乎随处可见。

——洞穴是贵州各族人民的重要斗争场所之一。在贵州，很多洞穴都被赋予"躲兵""躲反"的名称，体现了群众充分利用自然条件开展社会斗争的智慧和勇气。安顺市西秀区有不少"躲反洞"，当地百姓依山就势，在天然洞穴外修筑防御工事，躲避战乱、抵御兵匪。清末战乱，各地群众为了躲避战火和匪患，充分利用山洞藏物藏人，形成所谓"洞屯"

现象，达到了智斗贼人、保护乡民的目的。民国时期编纂的《独山县志》记载："双虹洞……洞周数百丈……兵燹时，乡人避内，几万人皆保无虞。"1944年，日军由广西进犯独山时，当地群众凭借双虹洞自卫反击，击毙日军数名。诸如此类的例子，不胜枚举。

——洞穴是贵州特色文化的重要传承场所之一。比如，阳明心学在贵州诞生，这与阳明先生在玩易窝、阳明洞中的修炼与顿悟有着直接的关联，一定意义上甚至可以说玩易窝、阳明洞正是阳明心学孕育的温床、成长的摇篮。再如，镇远青龙洞古建筑群，集佛教经殿、道教庙堂、儒家书院、会馆为一体，把中原建筑与苗侗吊脚楼干栏式巧妙结合，处处显露出文化融合的特征和魅力。还有，遵义播州母符洞，当年曾有红军指战员在山洞中躲避敌人，后在当地仡佬族村民的保护下成功脱困。今天，这个山洞已改名为"红军洞"。另外，洞穴幽深、景观独特，使人心生联想，往往流传着相应的民间故事。因此，我们可以说，遍布全省的洞穴，也是多彩贵州特色文化的重要"修炼场""形成地"和"承载者"。

三

大自然数以亿年永不停歇的演化和人类生生不息代代相传的创新发展，给贵州这片17.6万平方千米的土地留下了众多弥足珍贵的自然和文化遗产。在不断深化文化和旅游融合发展的今天，洞穴作为贵州特色山水人文资源的重要组成部分，其无穷魅力、巨大潜力日益彰显。用好世界级资源打造世界级旅游景区，建设世界级旅游目的地，洞穴也应是我们极为重要的关注点和依托所在。

——洞穴是"别有洞天"的打卡地。"这些地下迷宫中藏着什么样的秘密？""洞中方一日，世上已千年是什么感觉？""这些奇观真的是自然生成的吗？"带着这样的好奇心，2023年"五一"假期有超过7万名游客到织金洞探秘，探索这座"溶洞之王"，双河溶洞吸引了2万多名来自全国各地的游客，九洞天的游客接待量也趋近饱和。游人们置身于洞中，用心感受着与外界隔绝带给人类祖先的那份珍贵的安全感，观察着这些时间的杰作——石钟乳、石笋、石柱等不同形态的碳酸钙淀积物，认真阅读着洞穴之中那一处处匠心独运的"点景"之笔，为大自然的鬼斧神工所折服，不时留影，深感不虚此行。

——洞穴是"清凉一夏"的健康馆。夏天，正是一座座地下"清凉国"大开城门，庇护他饱受高温煎熬的"臣民"之时。这些地下王国常年温度恒定在15℃左右，吹着免费的"大空调"，环境清幽宁静，适宜避暑养生。在我国，洞穴养生与修炼有不少故事，传说战国时期名医扁鹊曾居住在中丘蓬鹊山九仙洞中，修得高超医术，唐代医家孙思邈也曾有隐洞独修的独特经历。在绥阳红果树风景区的天缘洞内，负氧离子含量可达4万—10万个每立方厘米，超过世界卫生组织规定的"空气清新"标准25倍，为盛夏避暑乃至康体养生提供了良好的条件。

——洞穴是"下知地理"的研学所。地下洞穴没有阳光，在相对封闭的环境中以其特定的能量和物质交换过程、特殊的生物群、特殊的食物链，构成了一个独特的地下生态系统，加之地表鲜见的地层和地质构造，是开展地质、地理、水文、生物等研学活动的理想场所。2021年，亚洲洞穴联盟和中国地质学会洞穴专业委员会制定了研学旅游洞穴评选标准，从全国830个旅游洞穴中最终评选产生了全国5佳研学旅游洞穴，贵州织金洞、贵州绥阳县双河洞双双上榜，"5佳"数量全国第一。开展中小学生研学实践教育，贵州优势凸显，这里可让学生们看到神秘奇绝的景观，在潜移默化中受到启迪。

——洞穴是"美美与共"的欢乐场。首届多彩贵州溶洞音乐周的成功举办，用音乐这一人类通用语言，让线上线下观众共赴一场山水人文盛宴，感受艺术与自然最原始、最热烈的碰撞，使贵州这一具有世界性资源价值的自然珍宝——溶洞焕发了更多活力。这场溶洞融合音乐的全新玩法，是一次古朴高山流水与现代文化形式的创新融合，给深入推进文旅融合积累经验、带来启发。地下洞穴隔绝的空间，更容易让观众产生沉浸式的体验，相信借助先进的声光电"黑科技"，还有更多文化形式可以与洞穴共舞、与山水齐飞，带来更多的视听震撼，留下念念不忘的回响。

洞见贵州、洞见过去与未来。洞穴既是贵州史前人类的"聚落"，也是贵州各族先民的"家园"，也可以说是我国百万年的人类史、一万年的文化史、五千多年的文明史的重要承载者和见证者之一，是属于当代贵州乃至全国、全世界人民的自然珍宝和文化瑰宝。如何更好地挖掘、保护和利用这个宝贝，有待我们进一步创新思路、务实前行、久久为功。

岳江山　胡松　汪帆　执笔

2023 年 5 月 29 日

贵州之春：如歌岁月，花样年华

> 贵州是个山清水秀的好地方，也是一个多民族和谐共处的省份。绿水青山的良好生态、笑靥如花的各族群众会把春天的贵州装点成一个溢满春色的生态大公园和文化大观园，让人们拥抱自然、放飞心情。

华夏民族一直有赏花的传统，花也有很多美好寓意。生长在东方这片古老土地上的中华儿女有着春华秋实的朴实底色，也有着春花秋月的浪漫精神，毕竟华夏的"华"与"花"相通，一个将"花"灌入灵魂的民族，又怎么会拒绝春天的美丽馈赠——花呢？

在"美丽中国"960万平方千米的广袤国土上，有这样一个省份，地形万山磅礴、气候湿润温和，近年来一直坚持生态优先、绿色发展、守好发展和生态两条底线，森林覆盖率超过62%，"世界自然遗产地"数量全国第一，素有"公园省"之美誉。每到春天，这里万绿吐新、百花盛开，一波接一波的花海便会刷屏出圈、冲上热搜。加上"会说话就会唱歌、会走路就会跳舞"的少数民族，一直以来都会"在色彩斑斓里放歌"，更让春天充满了浪漫气息。

这里，是贵州！贵州的春天，好似你的"如歌岁月、花样年华"！

一

春天里，黔山贵水间百花似海、花聚如潮，花儿开得规模巨大、品种繁多、花期悠长。可以用大家熟悉的三句古诗来述说贵州"春花"的特点。

"春色满园关不住，一枝红杏出墙来。"春天的贵州，花海荡漾、姹紫嫣红，是中国西南的天然大花园。在这里，有被称作"世界花园""地球彩带"的中国最大原生杜鹃花林，总面积超125平方千米，绵延5万余米，如一条装点"美丽中国"、闪耀"多彩贵州"的优美彩带。在这里，有曾被BBC纪录片称为"蓝色星球最美樱花园"的贵安万亩樱花园，每到春天，约70万株樱花便把16平方千米土地染得白如雪、粉似霞，美不胜收、叹为观止。在这里，还有一种"实用"的花朵，色彩金黄、遍布全省，那就是以黔西南兴义万峰林、安顺龙宫景区龙字田、贵阳开阳十里画廊为代表的油菜花，每年都开得如火如荼、如诗如画。

"草树知春不久归，百般红紫斗芳菲。"阳春三月前后，贵州大地便会呈现万紫千红的美丽景象。当你站在黔中丛山之巅远眺，可见各色鲜花竞相绽放、争奇斗妍。桃花让人联想到桃花源的恬淡，梨花把峰丛装扮成了白雪皑皑的雪山，鸽子花在风中扇动双翅、欲试高空飞翔，油菜花为大地铺上了金地毯，樱花或白或粉随风飘摇浪漫，杜鹃花漫山遍野开得无拘无束；还有许多说不出上名字的各色小花朵"也学牡丹开"，拼命地绽放自己，装点世界。这般景象，令人陶醉于"花盛山水间，人在画中行"的意境，使人感叹春天真正是一个情感与色彩最浓烈的季节。

　　"人间四月芳菲尽，山寺桃花始盛开。"贵州山岭纵横、地表崎岖，号称山的王国、水的世界，地形地貌多种多样、海拔高低悬殊，小气候丰富，生境多元、物种繁多，为花儿生长和开放提供了更多的可能，特别是花期错落有序而绵长。在"乍暖还寒时候"，其他地方花尚含苞，而兴义的油菜花已然盛开。待到阳历三四月，这是花开最热闹的时候，贵阳永乐的万亩桃园已经是"生命的怒放"，黔南贵定梨花与油菜花开得好似"金海雪山"，铜仁江口鸽子花已经融入了梵天净土的绝美风光，毕节百里杜鹃的杜鹃花也已经笑傲群芳。即便如此，也还有一些海拔较高地区的花正在等待属于她的美丽时节。总之，贵州的百花由南而北、从低至高感时而开，能给赏花爱花之人带来更多选择和惊喜。

二

如果要引用一句古诗来形容贵州春天之花与春天之人的关系，那么就用"人面桃花相映红"吧。

当睽违一年的春风从远方吹来，驱走了冬日的寒冷，带来了舒适的暖阳，唤醒了沉睡的花儿。此时的贵州各族群众会毫不掩饰对春天的欢迎、对春花的热情、对春光的珍惜和对春色的赞美。

贵州被誉为"百节之乡"和"民族节日的海洋"。在春天，各族群众顺应自然的节律，大大小小的民族节日有序登场。从花儿含苞待放的仲春之际到繁花盛开的季春之时，各族群众在春耕闲暇之余，都会举办和参加一些特色鲜明的传统民族节庆活动，用歌声和舞蹈渲染节日的氛围。有的节日主要表达走向春天的欢喜，有的节日突出对春种秋收的祈祷，有的节日侧重营造男欢女爱的甜蜜氛围，在繁花似锦、蜂舞蝶绕的无限春光里，与子携手、与花共舞，"赠人花朵，手留余香"。

比如，在正月或者二月举行的乌蒙山苗族跳花节，其内含除纪念该支的民族英雄外，主要就是相亲活动了。布依族"三月三"，既是一个祭祀布依族祖先的节日，也是一个男女青年唱歌对调、寻亲择偶的节日，节日前后持续时间达三十天之久。百里杜鹃的彝族"祭花神"，场面大、气氛浓，体现了彝族对花的信仰、花的崇拜。

浓重而浪漫的，还有苗族姊妹节，每年农历三月十五日至十七日，黔东南州台江县老屯、施洞一带的苗族群众会以苗族青年女子为中心，以展示歌舞、服饰、游方、吃姊妹饭、摄鱼捞虾和青年男女交换信物为主要活动内容，被喻为"藏在花蕊里的节日"，是"最古老的东方情人节"。

所以，贵州的春天不仅是鲜花的世界，也是欢歌笑语的海洋。

三

贵州是个山清水秀的好地方，也是一个多民族和谐共处的省份。绿水青山的良好生态、笑靥如花的各族群众会把春天的贵州装点成一个溢满春色的生态大公园和文化大观园，让人们拥抱自然、放飞心情。这里的春天，透着花香的浪漫，伴随绿意的清新，充满歌声笑声的欢乐。

春天已经来到，贵州大地正在演绎一场次第花开、百花争妍的美丽传说。春天的第一场旅行，一定要来贵州。到这里，你一定会乘着歌声的翅膀走进繁花的世界，与蝴蝶一起舞蹈，在鲜花丛中信步，把春的温暖与浪漫留在记忆的深处，为新的一年注入馨香的元气，把新的一年过成百花盛放一样的精彩热烈。

来吧，贵州的春天里有你的"如歌岁月、花样年华"！

岳江山　汪帆　执笔

2023 年 2 月 21 日

何以说贵州懂"绿"

> 贵州乡土生态文化具有悠久的传统和广泛的群众基础,其中蕴含丰富的、朴素的生态文明元素,是我们构建生态文明重要的传统文化资源。

习近平总书记在全国生态环境保护大会上的重要讲话指出,党的十八大以来,我们把生态文明建设作为关系中华民族永续发展的根本大计,开展了一系列开创性工作,决心之大、力度之大、成效之大前所未有,生态文明建设从理论到实践都发生了历史性、转折性、全局性变化,美丽中国建设迈出重要步伐。

当代中国,山河锦绣,贵州在生态文明建设上取得的进步是美丽中国建设的鲜活注脚。作为首批国家生态文明试验区之一,截至2022年底,贵州森林覆盖率达62.81%,空气质量优良天数比率达98%,"世界自然遗产地"数量全国第一,生态文明贵阳国际论坛成为传播习近平生态文明思想的重要平台、世界了解中国生态文明建设的重要窗口。绿色已成为贵州高质量发展最鲜明的底色，我们一起来看看贵州是如何懂"绿"的。

一

贵州懂"绿"绝非偶然，可以先从一个民间故事说起。

岜沙，苗语意为"草木繁多的地方"。在黔东南州从江县岜沙苗寨，寨如其名，森林覆盖率高达93.4%，古树成荫，满目苍翠，曾被授予"全国生态文明示范村"称号。在这里，每出生一个孩子，父母都要为其种上一棵"生命树"，并精心护理"生命树"成长。到这个人去世后，其子孙就砍下这棵"生命树"做成棺木装饰下葬，然后在墓穴上种下一棵树，表示逝者永生，这一对大自然充满敬畏的丧葬习俗形成了岜沙独特的"树葬文化"。自古以来，岜沙人就敬树和护树，祖先制定了十分严厉的寨规：乱砍伐一棵树木要罚"三个一百二"，即一百二十斤猪肉、一百二十斤米、一百二十斤酒，供全寨人食用，以儆效尤。正是这种"敬畏自然""自然崇拜"的生态理念和朴实的生活方式，孕育、养护了苍翠茂密的森林。

敬畏自然，与自然和谐相处，岜沙不是个例。在贵州布依族地区，村村寨寨都有护寨树和风水林，人们世代加以保护，布依族杀牛祭山神，认为山神可以保佑人畜平安，风调雨顺，农业丰收；在侗族地区，自古传唱"江山是主人是客""山上没有树，万物要哭诉"，告诉族人要尊重自然、爱护自然……

可见，苗、布依、侗作为贵州人数较多的世居民族，自古以来崇尚人与自然和谐共生，并已深深扎根于血脉之中，"天人合一、知行合一"早已成为这片古老土地的文化基因，而"天人合一、知行合一"正是今天贵州大力弘扬的人文精神。

二

贵州懂"绿"，还可以从一个论坛说起。

贵州曾是全国石漠化土地面积最大、类型最多、程度最深、危害最重的省份。2005 年，全省石漠化面积 3.76 万平方公里，截至 2022 年，已减少至 1.55 万平方千米，重度和极重度石漠化土地面积减幅超 60%，生态环境持续向好。如果说农业文明是"黄色文明"，工业文明是"黑色文明"，那生态文明就是"绿色文明"。贵州在长期"治石"和"治贫"的艰辛探索过程中，成为"绿色发展"早期的倡议者，在全国率先举办专题论坛。目前，生态文明贵阳国际论坛是经中央批准、全国唯一以生态文明为主题的国家级、国际性高端峰会。至今，该论坛已成功举办了 12 届。

2009年，第一届论坛首次提出"绿色经济"的概念，倡议转变经济发展方式，实现从"褐色经济"到"绿色经济"的转变。2010年，主题为"绿色发展——我们在行动"，深入探讨了绿色就业、绿色产业、绿色消费、绿色运输、绿色贸易等前瞻性议题。2013年，主题为"建设生态文明：绿色变革与转型——绿色产业、绿色城镇和绿色消费引领可持续发展"，习近平总书记第一次向论坛发来贺信。2018年，主题为"走向生态文明新时代：生态优先　绿色发展"，习近平总书记再次向论坛发来贺信。他强调，中国高度重视生态环境保护，秉持绿水青山就是金山银山的理念，倡导人与自然和谐共生，坚持走绿色发展和可持续发展之路。并向世界发出倡议，全面落实2030年可持续发展议程，共同建设一个清洁美丽的世界。2021年，主题为"低碳转型 绿色发展——共同构建人与自然生命共同体"。2023年，主题为"共谋人与自然和谐共生现代化——推进绿色低碳发展"。

历次论坛的主题，"绿"字多次出现。从"绿色经济"到"推进绿色低碳发展"，绿色发展的理念不断深入人心，而贵州也在践行生态文明理念中，推进荒芜石漠向绿色大地转变。

三

贵州懂"绿"，还可以从爱"绿"护"绿"的实际行动说起。

贵州可以说是党的十八大以来全国生态文明建设的一个生动"缩影"。党的十八大以来，贵州步履铿锵，牢牢守好发展和生态两条底线，深入实施大生态战略，加快国家生态文明试验区建设，先后出台了《绿色贵州建设三年行动计划（2015—2017）》《生态优先绿色发展森林扩面提质增效三年行动计划（2018—2020）》《贵州省古树名木大树保护条例》《关于全面实行林长制的意见》等，设立了"贵州生态日"，推行"河长制""林长制"，不断构筑生态文明建设的"四梁八柱"，生态文明建设体系不断健全，推动生态文明建设大踏步前进，实现历史性跃升。新时代的多彩贵州，绿水青山正成为全省人民的"幸福不动产""绿色提款机"。

2022年年初，国务院印发《关于支持贵州在新时代西部大开发上闯新路的意见》，赋予了贵州"生态文明建设先行区"的战略定位，并围绕这一定位提出一系列支持政策措施，为贵州经济社会发展全面绿色转型注入强大的动力。立足新起点，贵州坚持生态优先、绿色发展的导向，着力改善、提升自然生态系统质量，深入打好污染防治攻坚战，健全生态文明试验区制度体系，积极推进低碳循环发展，持之以恒地推进生态文明建设，不断做好绿水青山就是金山银山这篇大文章，全力打造生态文明建设先行区。

四

贵州生态文明建设的实践，蕴含着什么样的启示？

第一，生态文明建设需要生态文化滋养。在贵州苗布侗等少数民族的传统生态智慧中，可以发现有许多珍贵的文化基因与生态文明的文化指向不谋而合。这些文化传统虽然没有以生态文明的概念表达出来，但在少数民族村落里，它往往以一种"常识"的形式存在，以一种"自然"的方式落实在行动中，表现为道德、禁忌、乡规民约等文化形式。生态文明是人们对工业文明给自然和环境带来的破坏性后果进行反思后提出的，是人们对人与自然关系重新思考的结果。贵州乡土生态文化具有悠久的传统和广泛的群众基础，其中蕴含丰富的、朴素的生态文明元素，是我们构建生态文明重要的传统文化资源。正是这样的生态文化基因，孕育了贵州"天人合一"的自然观和"知行合一"的实践观。

第二，生态文明建设需要树立正确的政绩观。是"涸泽而渔"还是"泽被后人"，如何看待发展和保护的关系，考验着各级领导干部的政绩观。习近平总书记早就给出了重要答案："我们既要绿水青山，也要金山银山。宁要绿水青山，不要金山银山，而且绿水青山就是金山银山。"在生态环境脆弱的现实约束下，贵州不走先污染后治理的老路，牢牢守住发展和生态两条底线，树立追求"绿色GDP"的政绩观，以高质量发展统揽全局，把绿色作为高质量发展的底色，把生态作为高质量发展的品牌，把国家生态文明试验区建设作为高质量发展的抓手，纵深推进大生态战略行动，大力实施生态环境提升行动，努力实现生态效益、经济效益、社会效益同步提升，奋力实现百姓富、生态美的有机统一。

第三，生态文明建设需要久久为功。生态文明建设没有完成时，只有进行时。中国式现代化是人与自然和谐共生的现代化，对生态文明建设提出了更高的要求。实现建设国家生态文明建设先行区的目标，贵州必须以习近平生态文明思想为指导，更加积极地在处理好高质量发展和高水平保护、重点攻坚和协同治理、自然恢复和人工修复、外部约束和内生动力、"双碳"承诺和自主行动等关系上悟深悟透一步、先行先试一步，坚定地实施"生态大战略"，奋笔书写"生态大文章"，全力推进"生态大保护"，持续做强"生态大品牌"，全力以赴地"在生态文明建设上出新绩"。

王娅　蔡鹏　执笔

2023年8月4日

从"三器"看贵州的变迁与发展

> 从远古石器到"三线"仪器，再到大国重器，这贯穿数十万年的历史进程，为我们观察贵州的变迁与发展提供了一个重要剖面。

随着贵州考古发掘的深入推进、"三线建设"部分工程的逐步解密，以及 500 米口径球面射电望远镜 FAST 的创新应用，一组组来自远古的石器、一台台"三线"建设时期制造的仪器、一次次关于大国重器"天眼"探索到宇宙深处声音的报道，让我们看到，贵州这片广袤的喀斯特山地，曾有着星光闪耀的洞天岁月，曾经是"备战备荒"的战略腹地，也因为可以"遥望宇宙星河"而成为"看得最远的地方"。从远古石器到"三线"仪器，再到大国重器，这贯穿数十万年的历史进程，为我们观察贵州的变迁与发展提供了一个重要剖面。如此"三器"，蕴藏着大自然给予的机缘，展现着时代洪流的巨大势能，书写了数不胜数的精彩故事。

一

马克思主义认为，人区别于动物的根本标志是能制造并使用生产工具从事生产劳动，以获取自己所必需的物质生活资料。石器，是古人类的重要发明，也是古人类逐渐脱离于野兽，能够改造自然环境，采集食物、狩猎动物的重要工具，它伴随了史前 100 万年间人类的进化、发展，可以看作是开启人类文明大幕的敲门砖。

作为一个省级行政区划的概念，贵州比较年轻，但如果我们把时针回拨到史前，追踪、考察古人类的活动痕迹，贵州却以其"洞天福地"的良好环境孕育了灿烂的史前文明，甚至可以称作中国南方原始文化的摇篮。当时贵州气候宜人、生态优越、洞穴四布，为石器时代的人类栖居提供了优良环境。至迟距今 30 万年左右，有古人类开始活动于此，他们探索未知，生存有术，成为这块乐土最早的开拓者，创造了光彩夺目的石器文化。

1964 年，黔西观音洞遗址的发现揭开了贵州旧石器时代考古序幕，迄今全省已发现旧石器时代文化遗址百余处。之后的新石器时代文化遗址发现更是令人欣喜，呈现了"满天星斗"的分布格局，目前已发现这一时期的遗址数百处。自 1993 年以来的 30 年间，贵州共有 8 次考古发现入选当年的全国十大考古新发现，而其中盘县大洞旧石器时代遗址、威宁中水遗址、牛坡洞洞穴遗址、招果洞遗址等古人类遗址，占据了8席的一半。

这些新旧石器时代的考古发现中，很多填补了国内相关考古的空白，不少还是世界级的发现。比如，盘县大洞内古人类活动堆积物巨厚、内涵丰富，堆积层的年代在距今约33万年至13万年之间，发掘出的石器上显示的修理台面技术痕迹清楚而标准，在这之前，这种技术一向被认为是西方同期文化所专有。再比如，招果洞遗址的文化堆积从距今4.5万年一直延续到新石器时代中晚期，不仅是在贵州、西南，甚至在东亚地区都是罕见的。其中，在接近距今4万年的层位发现了磨制骨器，是中国目前发现的最早的骨器。同时，还发现了中国最早的通体磨光石器。

透过这些石器和遗存，我们仿佛可以看见史前的贵州大地充满着勃勃生机，古人类在这里的山山水水孕育下繁衍、发展，凭借着粗糙的石器与天斗，与地斗，与毒蛇猛兽斗，即便石器对自然的改造有限且缓慢，但古人类仍然艰难而坚定地生存着，将人类的火种不断延续。

二

"三线建设"时期，贵州因特殊地理区位、突出的山地特征、丰富的矿产资源和能源资源，成为"三线建设"的重点省份之一。在"备战备荒为人民""好人好马上三线"等口号的动员下，国家集中了大量的人力、物力和财力，在贵州进行了以修建铁路为先导，以国防科技工业为重点的工业建设，涉及电力、冶金、机械、化工、建材等工业部门，形成了当代贵州工业化的基础。

"三线建设"开始后的1965年是贵州工业发展史上的"大年"，也是这一年，贵州的"三线建设"进入高潮——川黔铁路建成通车，六盘水煤炭基地建设取得很大进展，国防科技工业三大基地建设迅速展开，冶金、机械等部门的搬迁和新建、改建等项目紧锣密鼓地开展。这样的建设力度，在贵州的历史上是头一回，这片工业化的洼地开启了迅速崛起的征途。之后的十余年间，贵昆铁路、湘黔铁路通车，水城钢铁厂、贵州钢绳厂、东方机床厂、贵州橡胶总厂等重点企业建成，我们现在所熟悉的首钢水钢、盘江煤电、贵州钢绳、振华集团、中航黎阳动力等企业都深嵌"三线"基因。

伴随着各种工程、工厂的兴建，各类当时的"高精尖"仪器设备也被带进贵州，广泛应用于建设和生产，这里面有重达数吨、数十吨的"大家伙"，比如，原联邦德国生产的六角车床、桂林机床厂生产的滑枕铣床等大型生产设备。也有摆在桌上，甚至端在手上的"小物件"，比如，上海制造的水准仪、苏州制造的经纬仪等精密光学仪器。这些仪器设备直观地为贵州带来了科技水平的跃升，同时促进了更多仪器设备的生产在贵州落地，其中既包括雷达、电子仪器仪表、电子元件等电子工业相关产品，也包括模具、低压电器、轴承等机械工业相关产品，甚至在贵州还生产了中国第一台晶体管电子计算机。

"三线建设"是在特定的历史条件下立足战略需要而进行的，许多项目的布点和建设不同程度地存在盲目性、局限性。但对于贵州来说，"三线建设"带来的改变是巨大的。经过"三线建设"，形成了国家新的战略布局，改变了贵州工业布局和产业结构，增强了工业和科技实力，改善了交通运输条件，使贵州成为全国重要的战略后方基地之一，为贵州经济社会发展奠定了重要基础，更留下了"艰苦创业、无私奉献、团结协作、勇于创新"的"三线"精神遗产。

今天，当你走进位于贵州省黔南州都匀市、六盘水市钟山区等地的"三线建设"博物馆，参观那些当年的"精密仪器""重型设备"，聆听讲解员述说当年的奋斗传奇和感人故事，你一定会被那"激情燃烧的岁月"深深打动！

三

在过去很长一段时间，贵州人一直在和贫困作斗争，甚至到本世纪之初，除了一些"三线建设"时留下的国防科技工业，很多人都还难以将顶尖科技与贵州挂起钩来。但新世纪以来，特别是新时代以来，贵州在科技创新方面也不乏"后发赶超"的案例，其中就包括500米口径球面射电望远镜"中国天眼"（简称FAST）落地贵州深山。

FAST是世界上最大口径的射电望远镜，也是世界上灵敏度最高的望远镜，是国家科教领导小组审议确定的国家重大科技基础设施，截至2023年3月，FAST发现的脉冲新星数量已经超过740颗，是同一时期国际上所有其他望远镜发现脉冲星总数的三倍以上，妥妥的大国重器，甚至世界重器。FAST在贵州落地，让贵州"近水楼台先得月"，有力地提升了贵州区域科技创新水平。比如，2021年，FAST面向全球开放后，为应对更大的数据传输和存储需求，贵州射电天文台在新的存储技术方面不断攻关并取得新的突破。这为类似应用提供了参考，对于贵州大数据产业发展有着重要的意义。再比如，依托FAST，国家天文台与贵州大学深化合作，共建天文大数据联合实验室，探索新型数据存储模式、研发FAST天文数据在线处理和结果展示系统、探索高稳定的脉冲星计时阵、优化望远镜控制系统等，同时，联合培养了运行FAST、分析FAST数据的专业人才。

FAST带来的，不只是顶尖科技，还有民生改善。平塘县克度镇就是一个观察窗口，因为FAST的落成，为当地发展天文旅游创造了绝佳的条件，克度镇世代务农的人们开了

"天眼"、活了思路，不少人端上了文化旅游的饭碗。学校的课堂教育"靠山吃山"，开设了天文课，没有比 FAST 更好的教学背景板了，在琅琅书声中，山里孩子们的心中埋下了成为天文科学家的梦想种子。在 2023 年的全国中学生天文知识竞赛的 9 个考点中，贵州虽是首次申报成为考点，却有 900 多个学生报名，人数为 9 个考点之最。

因为 FAST，贵州平塘那崇山峻岭之间原本的"大窝凼"化腐朽为神奇，"天眼"之父南仁东在这里镌刻下世界天文史上的新高度。贵州也"好风凭借力"，在"中国天眼"等一项项超级工程的支撑下，正大踏步跨越如海苍山、穿越茫茫云海，巡天遥看"日月星海"，自信地拥抱浩荡的世界潮流。

汪帆　执笔
2023 年 7 月 6 日

数博会给贵州带来哪些价值

> 贵州之所以能办数博会、敢搞大数据，不是全靠物质的"优势"，还有精神的支撑，凭的是贵州人身上那股不服输、敢担当的心气儿和敢闯敢试、敢为人先的拼劲儿。

这个夏天，中国国际大数据产业博览会（简称数博会）将如期而至。自2015年以来，数博会已经举办8届。8年来，数博会已经从一个地方性展会成长为国际性盛会、世界级平台，见证了贵州加"数"前行、角逐数字经济新赛道的拼搏历程，发出了推动全球大数据领域交流合作、共同开发数字经济新蓝海的时代声音。蓦然回首，我们不禁要问，是什么力量支撑了贵州连续8年的坚守与探索，数博会到底给贵州带来了哪些价值？

一

2015年6月,习近平总书记指出贵州发展大数据确实有道理。2021年春节前夕,习近平总书记指示贵州要在实施数字经济战略上抢新机。对于"有道理"的事,就要"据理力争",对于"抢新机"的事,就要敢于"摸着石头过河"。

贵州是中国革命的转折之地,红色精神浸润下的贵州儿女生来就有一股"先行先试""敢闯敢试"的精气神。1977年,关岭县顶云公社的农民大胆实行"定产到组",成为中国农村改革"北凤阳、南顶云"的两个先锋之一。党的十八大以来,在贵州大地上铸就了大国重器"中国天眼",千姿百态的贵州桥梁不断刷新纪录,各类脱贫攻坚的"贵州样板"广为流传……

把大数据作为一个省的发展战略,贵州更是首例。有人把2013年称为大数据元年。有资料显示,贵州发展大数据产业的谋划,就始于2013年。2014年,贵州省委、省政府把发展大数据产业上升为全省战略。2015年,贵州首次举办"贵阳国际大数据产业博览会暨全球大数据时代贵阳峰会"。2016数博会全面升级,成为"国字号"。当时就有媒体指出,当大家还在思索"大数据是什么"时,贵州已经在探索"大数据该怎么做",为发展大数据产业抢占"头等舱"。

有人说，贵州发展大数据有"得天独厚"的优势，比如，这里生态环境适宜、资源要素丰富、发展红利叠加。但回顾过去，贵州之所以能办数博会、敢搞大数据，不是全靠物质的"优势"，还有精神的支撑，凭的是贵州人身上那股不服输、敢担当的心气儿和敢闯敢试、敢为人先的拼劲儿。

二

作为中国乃至全球大数据行业的盛事，数博会带给贵州的"实惠"是实实在在的，至少可以从四个方面看到它的价值。

——在交流探讨中带来的思想价值。数博会，给贵州提供了一个与前沿思想交流和碰撞的平台。每一届数博会，都有来自国内外的政要、行业领军人物、企业机构、科研院所相聚贵阳。他们深入分析全球大数据发展现状和趋势，带来了大数据领域新理念、新技术、新应用、新趋势及新探索的分享，刻画了大数据发展的未来。每一届数博会，都会对外发布重要的理论创新成果，从《大数据贵阳宣言》到《块数据》《DT时代》《创新驱动力》三大理论创新，再到《大数据百科术语辞典》《大数据蓝皮书》，数博会已然成为大数据各领域研究发展的重要理论借鉴和路径支撑的源头活水，其沉淀的思想和理念对贵州发展的影响是润物无声而又极其深远的。

——在广泛传播中带来的品牌价值。对贵州而言，大数据更是改变了人们对贵州的认识。今天，省外很多人一提到大数据，就会想到贵州。大数据地方三年立法三部领跑全国、建成全国首个大数据交易所、全国首个地方数据共享交换平台……以数博会为窗口，贵州的理念、贵州的声音向世界传递和传播，贵州企业得到了来自世界的关注，大数据已经成为全球认识贵州的一张亮丽名片。由上海社会科学院绿色数字化发展研究中心、上海数据交易所研究院、德勤企业咨询（上海）有限公司联合发布的《2022全球重要城市开放数据指数》指出，在30个入围城市中，贵州贵阳进入全球前10，位列第6位。

——在引企育企中带来的经济价值。美国《大数据研究和发展倡议》将大数据定义为"未来的新石油"。"谁掌握了数据，谁就掌握了主动权"。中国科学院院士梅宏说，"贵州大数据方面展示出的就是后发优势，如果抓好了，它是一个弯道超车或者换道超车的途径"。贵州作为全国首个国家级大数据综合试验区，已经成功吸引了华为、腾讯、京东等大数据企业项目落户。特别是在数博会这个龙头的带动下，贵州大数据产业"风生水起"，成了贵州经济高质量发展的战略引擎。据《中国数字经济发展白皮书（2022年）》显示，2021年贵州省数字经济增加值占GDP比重达到35.2%，规模同比增长20.6%，增速连续七年位居全国第一。特别是在国家大数据（贵州）综合试验区核心区贵阳贵安，2022年大数据对其经济增长贡献率达 44.5%，仅贵阳市数博大道沿线便分布着超过 3300 家大数据企业。"遥看一色海天处，正是轻舟破浪时"。随着贵州成为 8 个获批建设全国一体化算力网络国家枢纽节点之一，乘着"东数西算"的东风，贵州大数据产业势必形成新的"磁场"，吸引更多企业和项目在这里交汇。

——在跨界融合中带来的创新价值。2500 多年前，古希腊先哲主张"万物皆数"，尝试用数字理解一切。进入 21 世纪，随着新一轮科技革命的到来，贵州正在用数据连接一切，深刻改变着生产方式、生活方式和思维方式，这种跨界融合带来的创新价值对贵州或是一种颠覆性变革。比如，市民出行能实现一秒钟刷脸乘坐地铁、公交，智慧潮汐车道可实现一秒钟切换、通行；又如，在贵州轮胎股份有限公司的 5G 全连接工厂，不再是漫天粉尘和刺鼻气味，AGV 无人搬运车、机械臂等智能化设备在无人直接操控的情况下有序运转；再如，贵州省政务服务事项实现 100% 网上可办，"全程网办"率已达 79.32%，一码游贵州让诸多旅游服务"扫码即达"，还有多彩宝、壹刻宝等平台，让大数据应用同政用民用商用领域深度融合。这些年，数博会为贵州高质量发展创造了机遇、汇聚了资源，并伴随着大数据在各行各业的加速融合，促使政务服务、产业发展、基础建设、生态治理等方面红利逐步释放。

三

因为疫情等，许多人对线下数博会期待已久。这个夏天相约贵州贵阳，已成必选项。

根据2023中国国际大数据产业博览会新闻发布会的介绍，2023年数博会紧扣"数实相融 算启未来"的年度主题，围绕一会、一展、一发布、一大赛以及商贸投资洽谈开展相关活动。同期，还将举办贵阳工业博览会，聚焦新型工业化，加快促进重点产业全链条数字化转型，推动数字经济与实体经济深度融合发展。

党的二十大报告提出，要加快发展数字经济，促进数字经济和实体经济深度融合。聚焦主题看"亮点"，2023年数博会的"重头戏"就是如何充分发挥数字经济对实体经济发展的放大、叠加、倍增效应，释放云计算服务创新和应用示范红利。从新闻媒体的报道可以看出，贵州正在谱写"数实相融"这篇文章。

由贵州轮胎、联通、华为携手搭建的贵州省首个5G全连接工厂建成后，不仅降低近三分之一的运维成本，还让工作效率提升了400%以上；吉利汽车贵阳制造基地MES系统数字化升级改造后，装配车间百余机台协同提速达到5秒，单台产品制造成本降低10%；中安科技和贵州移动共同打造

"5G + AI 数字孪生"工厂项目，系统实时自动汇总产销全流程数据，整体工作效率提升 30%；等等。

  有数据显示：2022 年全省信息化和工业化两化融合发展水平达到 53.4，较上年提高 3.6，增幅为近 5 年来最高，其中作为省会城市的贵阳两化融合水平更是达到 62.5。这意味着，当前越来越多的贵州工业企业正在迈入数字化转型道路。届时，在 2023 年数博会期间，我们不仅可以领略大数据行业发展最新成果，更能直接感受贵州工业的"智"造力量。

  2023 数博会，我们又一次充满期待！

谢江林 执笔

2023 年 5 月 24 日

让创新文化在贵州大地蔚然成风

> 举办科技节,既有利于推动贵州科技创新成果展览展示,又有利于深化产学研对接和前沿科技交流合作,也为普及科学知识、弘扬科学精神、传播科学思想、倡导科学方法,优化创新生态、厚植创新沃土、培育创新文化创造了良好条件。

2023年8月9日,以"科技黔行 创新有我"为主题的首届贵州科技节在贵阳落下帷幕。节会有落幕之日,创新却无止步之时。首届贵州科技节的举办,或许已经播下更多创新的种子。

举办科技节,既有利于推动贵州科技创新成果展览展示,又有利于深化产学研对接和前沿科技交流合作,也为普及科学知识、弘扬科学精神、传播科学思想、倡导科学方法,优化创新生态、厚植创新沃土、培育创新文化创造了良好条件。

中国式现代化关键在科技现代化。传播新知识、新思想,推进科技与经济、社会的融合，培养创新后备人才，"科普之翼"分量越来越重。习近平总书记指出，科技创新、科学普及是实现创新发展的两翼，要把科学普及放在与科技创新同等重要的位置。我们要立足贵州实际、用好贵州特有的资源、讲好贵州科技创新故事，让创新文化在贵州大地蔚然成风。

一

靠山吃山、靠水吃水。开展科普活动、培育创新文化，要立足贵州资源禀赋，筑牢科学传播阵地。

贵州喀斯特地质地貌广泛发育，"沧海桑田"的地质史特色鲜明，生境多样、物种繁多，科普资源丰富独特、得天独厚。目前，贵州有4个世界自然遗产地，是全国拥有世界自然遗产数量最多的省份，这里还有许多自然的奥秘等待我们去认识、去发现。我们可以依托相应的科研机构、高等院校和社会组织，深挖特色资源，开发不同定位、不同内容、突出贵州特色的科普活动。

与此同时，我们还要鼓励和支持各地结合自身资源优势，依托各级各类博物馆、科技馆等单位和组织，致力于打造科普平台、筑牢科学传播阵地。既要深耕中小学、幼儿园这一科普活动的重点人群，也要抓好面向社会公众的科普活动，使全社会从地理环境、自然科学角度更加了解贵州。既要突出公益属性，也可适度探索科普产品的商业化，推动发展研学旅游、打造具有城市 IP 和"网红"景点性质的科普场所，为高质量开展科学传播助力。

二

贵州社会主义建设史、改革开放史，某种意义上说也是一部"科技发展史"。

"三线建设"为贵州奠定了军工、航天、能源、化工等工业基础。进入新世纪特别是党的十八大以来，在全省科技工作者的努力拼搏下，贵州区域创新能力大幅提高，战略性重大科技成果不断涌现，南仁东、欧阳自远等杰出科学工作者享誉世界。近年来，贵州深入学习贯彻习近平总书记关于科技创新的重要论述和对贵州工作重要讲话指示精神，"中国天眼"遥望苍穹，"万桥飞架"通达四海，"贵州钢绳"牵引重器，"中国数谷"算启未来……科技事业的发展，不仅有力地推动贵州打赢脱贫攻坚战、实现经济社会持续健康发展，也为服务国家战略需求、打造"大国重器"作出了贵州贡献。《中国区域科技创新评价报告》评价贵州："科技工作走出洼地，来到平地，有些地方还攀上了高地，逐渐走出一条有别于东部、不同于西部其他省份的差异化创新路子，创新能力和科技实力显著提升"。

讲好贵州科技创新故事是讲好贵州故事的重要组成部分。新闻媒体的报道极其重要。这要求媒体在讲述贵州围绕"四新"主攻"四化"的重大举措及成果的时候，着力突出"科技含量"，既要浓墨重彩地讲好贵州"单项冠军"的故事，也要关注科技研发日拱一卒的坚守与艰辛；既要提升媒体自身科学素养，做好高深的科学知识、研发成果和社会大众之间的"桥梁"和"翻译"，推动创新创造成为新时代风尚，还要广泛宣传推介富有科普功能和贵州特色科普研学旅游线路，让广大群众在聆听贵州故事、游览贵州山水中提升科学素养。

三

习近平总书记强调，要"以优质丰富的内容和喜闻乐见的形式，激发青少年崇尚科学、探索未知的兴趣，促进全民科学素质的提高，为实现高水平科技自立自强、推进中国式现代化不断做出新贡献。"

科幻文艺承载了传播科学知识、科学理念的功能，是深受青少年喜爱、市场影响力较大的文艺形式，应当鼓励贵州文艺创作者关注贵州经济社会发展、关注前沿科技、打开脑洞，创作出具有鲜明时代特征和贵州特色的科幻作品，激发青少年更加热爱科学、尊崇科学家，更加了解贵州、热爱贵州。

贵州既有原生态的生产生活方式，也有领跑全球的"高精尖"科技，神秘多彩的传统民族文化与"天眼"等现代科技交相辉映，为科幻创作提供了源源不断的灵感。在《流浪地球2》电影的官方编年史中，提及"2026年10月，通过中国FAST望远镜得到的观测数据，科学家确认太阳中心核聚变加速。"2018年，国内知名科幻内容创作平台"未来事务管理局"邀请了十几位国内外一线科幻作家来到贵州丹寨采风，并建立了一个"全球科幻作家工作坊"。他们以亲身体验为蓝本，讲述了15个风格迥异的故事，将"稻花魂""锦鸡舞"等传说，苗族蜡染、古法造纸等非物质文化遗产，酸汤鱼、米酒等当地传统食物与未来科技、外星文明等科幻元素有机融合，令人耳目一新，起到了以科幻为媒、展示贵州风土人情和精神风貌的作用。我们期待广大文艺工作者特别是科幻作者进一步围绕贵州科技创新的亮点开展主题策划，推出更多充满"贵州味"的科幻作品。

科技创新的蓝海波澜壮阔，广大人民群众特别是青少年对此充满探索的好奇和求知的渴望。我们要以首届贵州科技节的圆满举办为契机，突出特色、创新手段，以更多贴近实际、贴近生活、贴近群众的形式，开展科普活动、培育创新文化、传递科学火种，在潜移默化、春风化雨中提高全民科学素质，推动创新智慧充分释放、创新力量充分涌流。

吴迪　执笔

2023年8月18日

贵州酒文化里的开放基因

> 在贵州酒文化特别是酒产业发展进程里，一直蕴藏着开放理念、流淌着开放基因、顺应着开放形势，某种意义上甚至可以说，酒产业本身就是一个因开放而兴、因开放而旺、因开放而强的产业。

2023年9月12日，第十二届中国（贵州）国际酒类博览会在取得一系列丰硕成果后落下帷幕。本届酒博会秉持"开门办会、开放办会"的理念，推动参会参展各国和地区间交流与合作进一步走深走实，"强化开放办展，拓展经贸合作"是这届酒博会的一个重要特色亮点。其实，在贵州酒文化特别是酒产业发展进程里，一直蕴藏着开放理念、流淌着开放基因、顺应着开放形势，某种意义上甚至可以说，酒产业本身就是一个因开放而兴、因开放而旺、因开放而强的产业。

一

《遵义府志》载：枸酱，酒之始也。司马迁所著的《史记》里说汉建元六年，大行王恢派遣番阳令唐蒙"风指晓南越"，到达南越后唐蒙喝到了"枸酱"，便"问所从来"，南越人说"道由西北牂柯，牂柯江广数里，出番禺城下"。后来，唐蒙回到长安，得知"枸酱"是夜郎人通过牂柯江贩运到南越的。在今天看来，"枸酱"可以说是夜郎人与南越人开展贸易的产品，一定程度上呈现着当时贵州这片土地对外开放的面貌。

当然，贵州酒真正脱胎换骨、发展壮大、形成产业，那得等到明清之际的"盐来酒往，盐酒联姻"了。明清以降，贵州得以大规模开发，人口数量显著增长，社会面貌"渐比中州"，食盐需求量不断扩张，但贵州素不产盐，其所需之盐，自古以来都由周边诸省特别是四川省供给。古代交通不便，从四川进入贵州的食盐主要由水路运输，溯永宁河、赤水河、綦江、乌江而上，之后再转运至黔中腹地，逐渐形成川盐入黔的永、仁、綦、涪四大口岸。特别值得一提的是"仁岸"，这条水路经清雍正年间贵州总督张广泗组织疏浚后，船只可直抵今天的仁怀市茅台镇，这让彼时尚为一小村的茅台逐渐变得人声鼎沸。清光绪年间，四川总督丁宝桢奏请朝廷，再次对赤水河航道进行了疏浚，大大提升了通航能力。随着盐运业的日益兴旺，赤水河沿岸特别是茅台等地逐渐集聚了大批盐号商号，人流往来穿梭，商旅络绎不绝，对酒的需求变得旺盛，推动酒的酿制向规模化、专业化、产业化迈进，日益呈现出"酒业兴盛、盐事繁忙"的发展景象。

这一因盐运而兴、因酒业而旺的发展过程，正是因道路畅通而扩大开放，因扩大开放而要素集聚，从而推动产业发展壮大、经济社会繁荣的过程。

二

1915年，在巴拿马万国博览会这个国际平台上，贵州人那机智果敢的"一摔"，在"打破"中找到了"生机"，以"破瓶"之举立下"惊世"之功，推动贵州酒逐渐风靡全国、香飘世界。这是贵州人在走向世界舞台过程中的奋力一搏，突破了"酒香也怕巷子深"的宿命，刻下了"怒摔茅台振国威"的民族记忆，书写了"一举成名天下知"的千古美谈。如此非凡的眼界和胆识，在今天扩大开放的过程中，仍然值得我们研学借鉴。

新中国成立以来，特别是改革开放以来，贵州交通基础设施建设日新月异，特别是以公路为代表的陆路交通逐渐取代了昔日的水路交通，孕育和推动了新一轮的产业大发展。比如，20世纪50年代中期，通往赤水河沿岸之赤水、习水、仁怀、金沙诸县的公路相继建成通车，原本通过水路运输的食盐改由通过汽车运输，赤水河作为川盐入黔重要通道的地位逐渐丧失，完成了他艰辛而重大的历史使命。但赤水河两岸因盐运而发展壮大的白酒产业，却成为继盐运业之后的新的主导产业，赤水河流域也由此逐渐成长为全国酱香酒产业核心区和优质酱香白酒产区。这是在扩大开放的环境中，完成了新旧产业的成功更替，促进了经济社会的持续繁荣。

今天，赤水河谷立体交通更加便捷，多条高速公路相继建成通车，茅台机场建成通航，城际铁路规划建设工作加快推进，对外开放格局持续优化。作为中国酱香白酒核心产区，这里发展活力十足，知名酱香酒在扩大对外交往和对外贸易中发挥着极其重要的作用，必将演绎新的产业传奇，支撑和推动贵州酒业乘着改革开放的浩荡东风披荆斩棘、行稳致远。

三

今日之贵州，由高速铁路、高速公路和航空机场构成的综合立体交通网络更加高效快捷，也使贵州成为西南联结华南、华中的重要枢纽，纵向上是"一带一路"中国西部重要的陆海连接线，横向上处于以长三角一体化为龙头的长江经济带和以粤港澳大湾区为龙头的珠江—西江经济带的中间带，同成渝双城经济圈呈三角之势，在国家发展战略和交通布局中具有"一纵两横三角"的区位优势。

每一次扩大开放，都蕴藏着无限生机和巨大商机。酒是贵州开放合作的金字招牌，古时候就是沿着大江大河对外输出的产品，明清以来，因赤水河等开放通道的疏浚而发展壮大，新中国成立以来，特别是改革开放以来逐步成长为贵州名副其实的支柱产业、富民产业、生态产业、文化产业。当前，贵州开放格局重塑、发展优势叠加，酒博会等重大开放平台影响力逐步扩大，黔中大地孕育着经济发展从量变向质变、从蓄势到跨越的重大机遇，高质量发展，其时已至、其势已成，包括酒产业在内的产业发展前景更加广阔。

开放，可纾发展之困、汇合作之力、聚创新之势、谋共享之福，是高质量发展的必由之路。深深植根于贵州的酒产业，既是随着贵州扩大开放而兴起的产业，也必将会随着贵州高水平开放而实现高质量发展。

胡松　执笔

2023 年 9 月 14 日

都匀毛尖，香飘世界的好茶

> 都匀毛尖茶拥有六个"最"：海拔最高、降水最均匀、云雾最多、气候最温和、茶区森林覆盖率最高、茶树生长环境最好，这些得天独厚的自然生态环境、独特的气候条件和丰富的植物资源，构成了都匀毛尖茶最佳品质的基本条件，深刻诠释了都匀毛尖茶内在品质的卓越，成为其最有底气的发展自信。

2022年11月29日，"中国传统制茶技艺及其相关习俗"被列入联合国教科文组织人类非物质文化遗产代表作名录。"都匀毛尖茶制作技艺"作为其中一个项目，一并入选人类非物质文化遗产代表作名录，代表贵州茶又一次站上了世界舞台。

贵州是中国唯一兼具低纬度、高海拔、多云雾、雨热同期的农业产区，冬无严寒，夏无酷暑，雨量丰沛，就好像上天留下的一个天然大温棚，为生产高品质的茶叶提供了得天独厚的条件。目前，贵州已是中国茶叶种植第一大省，也是全国优质绿茶的核心产区。

黔南作为贵州茶叶的重要产区，所产都匀毛尖茶素有"地球黄金纬度带上的绿茶经典"之称，已经成为一张闪亮的名片，这片蕴含着悠久历史和灿烂文化的绿叶，见于文字记载已逾1500年。沁人心脾的茶香带给我们的，不仅仅是味蕾的享受，更是心灵的滋养。

一

中国茶界泰斗庄晚芳先生曾为都匀毛尖赋诗一首："雪芽芳香都匀生，不亚龙井碧螺春，饮罢浮花清鲜味，心旷神怡攻关灵。"给了都匀毛尖茶极高的评价。

都匀毛尖茶从茶园到茶杯，经过萎凋、杀青、揉捻、做形、提毫、烘焙等一系列繁琐的工艺，才能辗转到消费者的手中，其绵长悠远的醇香和回甘持久的鲜味，深受大众青睐。都匀毛尖茶品质为什么好，凭什么能够冲破严苛的欧盟"绿色壁垒"，向世界亮出了绿色茶、生态茶、健康茶、安全茶的身份？这份底气和自信源于黔南得天独厚的自然生态环境。

"都匀毛尖品质优秀的根本，在于它具有'五高'的特性，即高海拔、高香气、高氨基酸、高叶绿素、高水浸出物。"

为了对都匀毛尖茶功能成分进行系统研究，2014年，黔南州茶办与华南农业大学合作实施了"都匀毛尖茶成分与功能基础研究"的课题研究，通过试验，得出了相应理论数据，从科学的角度，对都匀毛尖品质进行了诠释和分析，解开了都匀毛尖品质优秀的"秘密"。

单就地理坐标来讲，广受人们关注的北纬30度地带一直以来被史学家、地理学家奉为"神奇的纬度"。在这一黄金纬度线上，不仅汇聚了众多世界一流葡萄酒酿造区和世界著名酒庄，中国优质绿茶产区也均分布于此。因此人们将这一地带称为世界绿茶生产的"黄金纬度"，是中国的绿茶优势产业带。都匀毛尖，就是北纬30度神秘地带孕育出来的茶中经典。在高海拔、低纬度、寡日照、多云雾、好山水的云贵高原上，人们用长年吸纳自然精华的茶树叶子制作出神奇的都匀毛尖茶。

黔南地处云贵高原东南斜坡，苗岭山脉南侧，平均海拔997米，平均气温在13.6℃至19.6℃之间，年平均降水量在1400毫升左右，森林覆盖率66%。这里山势起伏，终年云雾缭绕，阳光多散射，有利于茶叶内芳香物质的形成和积累；土壤疏松湿润，以硅铝质黄壤为主，富含有机质，Ph4.5—6.5，茶叶中的农药残留和其他污染几乎为零。雄踞于苗岭山脉中段的斗篷山、云雾山，是都匀毛尖茶的主产区。

因此，在中国十大名茶中，都匀毛尖茶拥有六个"最"：

海拔最高、降水最均匀、云雾最多、气候最温和、茶区森林覆盖率最高、茶树生长环境最好，这些得天独厚的自然生态环境、独特的气候条件和丰富的植物资源，构成了都匀毛尖茶最佳品质的基本条件，深刻诠释了都匀毛尖茶内在品质的卓越，成为其最有底气的发展自信。

二

都匀毛尖茶是中国历史上有名的贡茶，有着深厚的茶文化底蕴。在明朝崇祯年间，来自黔南的一款贡茶，形似鱼钩，芳香馥郁，被崇祯皇帝以其"生时为枪，熟时似钩"赐名"鱼钩茶"，它就是都匀毛尖茶的前世美名。

清代，品种繁多的黔茶，从蜿蜒的古驿道运往码头、口岸，似潮水般销往大江南北，"黔南茶"赫然记录在《清宫秘档》中。《都匀县志稿》卷十一记载：都匀知府宋文型于清乾隆四十五年（1780年）守匀疆，兼理厂务茶园一局，以此"上裕国课，下佐工商"。由此可知，在乾隆年间，都匀府"以茶抵赋"，厂务茶园生产的茶叶，除了上贡清宫造办处外，还有一部分流向市场。这是都匀毛尖作为贡茶的史料见证。

贵定县平伐镇鸟王村贡茶碑，立于清乾隆五十五年（1790年），碑文228字，系全国唯一现存的贡茶碑，清廷曾拨银420两用于苗民管护贡茶。鸟王村的贡茶碑，作为黔南茶叶进贡朝廷的又一铁证。

1915年，都匀毛尖茶在美国旧金山巴拿马万国博览会上，与贵州茅台酒同获金奖。

1956年，都匀团山乡的茶农发起"采制最好的茶叶，寄给敬爱的毛主席"活动。村民采摘第一叶初展的茶叶芽头，加工炒制成3斤上好的茶叶，寄给敬爱的毛主席。毛主席收到亲自品尝后，亲笔回信："高级农业社都匀茶农：此茶很好，我已收到，今后高山多多种茶，我看此茶命名为毛尖茶。""都匀毛尖"由此得名。

1982年，国家商业部召开新中国成立以来第一次茶叶评比会，都匀毛尖茶从全国84个名茶品种中脱颖而出，被评为中国"十大名茶"。自此，都匀毛尖茶逐渐走入广大消费者视野。

2014年3月7日全国"两会"期间，习近平总书记在参加贵州代表团审议时两次点赞都匀毛尖茶，并作出了"对于都匀毛尖茶，希望你们把品牌打出去"的重要指示。

近年来，都匀毛尖茶因其优良的品质、深厚的文化底蕴，先后荣获中国世博十大名茶、中国十大茶叶区域公用品牌等世界级、国家级和省级各类奖项300余项。都匀毛尖这个百年老字号品牌，不断被赋予新的时代内涵，品牌影响力与日俱增，核心竞争力不断增强，成为不可多得的文化瑰宝。

三

茶产业是黔南州第一农业产业,是助农增收、带民致富的富民产业,也是巩固拓展脱贫攻坚成果、深入推进乡村振兴的支柱产业。

近年来,黔南州努力"把都匀毛尖品牌打出去",依托得天独厚的生态优势、资源优势、品牌优势和浓厚的茶文化,按照"绿色化、产业化、标准化"的发展思路,采取"公用品牌+企业品牌"的母子品牌模式,构建了统一加工、统一品牌、统一宣推等"八统一"品牌管理体系,逐渐走出了一条生态美、产业兴、百姓富的绿色发展之路。

目前,全州投产茶园从"十二五"末的61.15万亩增加到120余万亩,增长了96.6%;茶叶企业(合作社)从478家增加到800余家,增长了67.8%;茶农年人均收入从4610元增加到1.35万元,增长了192.8%。2022年,全州茶叶产量5.92万吨、产值106.93亿元,都匀毛尖区域公用品牌价值达43.74亿元。

持续做大做强都匀毛尖茶品牌,需打好产业发展基础。统筹抓好茶文化、茶产业、茶科技,突出"都匀毛尖地理标志核心产区"品牌打造,强化从基地到市场、从茶青到茶叶的全链条品质管控。坚持一手抓龙头茶企引进、一手抓潜力企业培育，大力推进茶叶精深加工及产品研发，不断丰富产品种类、推进大宗茶发展，提高茶青下树率和茶园亩产值，真正让都匀毛尖茶成就一个产业、富裕一方百姓。

持续做大做强都匀毛尖茶品牌，需聚力绘好"创新融合"画卷。在有效保护传承的前提下，深入挖掘"都匀毛尖茶制作技艺"蕴含的文化价值和经济价值，推动非物质文化遗产创造性转化、创新性发展。要构建"以茶促旅、以旅带茶、茶旅互动"的发展格局，打造一批彰显都匀毛尖茶制作技艺特色的景区景点，开发一批非遗茶旅融合精品旅游线路，推出一批大型歌舞剧目和影视作品，不断提高都匀毛尖品牌知名度和美誉度。

好茶是在匠心匠技下制出来的。要加强对"都匀毛尖茶制作技艺"这张世界名片的保护传承利用，进一步放大"世遗"名片品牌效应。大力培养非物质文化遗产传承人，不断拓展群众对茶文化、茶叶相关知识的认知，让"都匀毛尖茶制作技艺"被更多人所认知、了解和喜爱，让更多人走近非遗、体验非遗、品味非遗、爱上非遗，使其在新时代焕发新活力。

综上所述，都匀毛尖，真是有天赋的好茶、有故事的好茶，也是香飘世界、大有前景的好茶。

高胜伟　执笔

2023 年 4 月 14 日

万峰成林处　阳光黔西南

> 今天，随着经济社会的发展，特别是人们对旅游资源内涵与外延的认识持续扩展，"万峰成林"的美景和意蕴被深入挖掘和深度演绎。

这些天，伴随着2023国际山地旅游暨户外运动大会的脚步，承办地黔西南州的关注热度一路飙升，那些万山丛中的美景和美好，在媒体的助推下，一个接一个地展现在世人面前。

今天，我们也一起来看看贵州这个最靠南边的州——黔西南州的"天资禀赋"，特别是"地理"与"天文"吧。

一

"天下山峰何其多，惟有此处峰成林"。很多人对万峰林的认识始于这句话，并由此生发出要到万峰林一看究竟的"旅游动机"。"磅礴数千里，为西南奇胜"。这是明代著名旅行家徐霞客游历贵州考察盘江源，深度体验兴义万峰林后发出的感叹。霞客先生游历四方，足迹遍及今天二十多个省（区、市），可谓"读万卷书，行万里路"，一定练就了开阔的眼界和精准的眼光，早在数百年前就以"专家"的远见、文人的笔触和游客的视角为黔西南这片神奇的土地做了注脚。在今天看来，这些描述，相当于对黔西南景观质量进行了评价，深刻而独到地道出了当地旅游资源的核心竞争力所在，以及核心吸引物的奇特度、规模度和影响力。

今天，随着经济社会的发展，特别是人们对旅游资源内涵与外延的认识持续扩展，"万峰成林"的美景和意蕴被深入挖掘和深度演绎。在贵州黔西南，以万峰林为代表的绝美喀斯特峰林景观，独具地域特色，还有着世界唯一性——这里是世界锥状喀斯特峰林地貌发育最典型的区域，也是分布最广的地区，峰林绵延两千多平方公里，两万多座山头，占据超黔西南州兴义市一半的土地面积。两万多座山峰之下，既有配套完备的城镇，亦有星罗棋布的特色民族村寨，田野、河流、城镇、村寨、树林融为一体，真是城在景中、景在城里，可谓和谐共生、天人合一。

二

外地人到贵州黔西南，对其州府所在地兴义市最大的印象是，这个城市总是"明晃晃"的。阳光，是这里又一个显著的标志和丰富的资源，也是老天爷赐予的巨大福利。特别是冬季，黔西南的光照充足、气候温暖。每年冬至前后，在整个北方雪花飞舞、被寒气笼罩的时候，万峰林下的油菜花已连片开放，堪称国内油菜花开得最早的地方之一。在油菜花的重磅加持下，万峰林更加生机勃勃、美不胜收。

"阳光黔西南"除冬季暖和之外，特别之处还在于夏日里亦无酷热，因为云贵高原的"地利"，为黔西南这片平均海拔1200米的山地带来了源源不断的"凉气"。据有关统计资料，特别是通过选取1961—2021年黔西南州8个市（县）气象观测站数据资料比对得知，黔西南州夏季平均气温在18.0—28.0℃之间，除少数海拔较的低河谷外，大部分地区夏季平均气温低于25.0℃。另外，全州全年空气指数优良天数达100%，平均年降水量1324.0mm，年平均相对湿度79.6%，年平均日照时数1455.4h。数据很抽象，归结起来其实就是——气候温润，四季宜人，生态优美，空气清新。基于此，黔西南州被中国气象学会授牌认定为"中国四季康养之都"。

三

依托地理、生态、气候形成的综合比较优势，大力发展文旅康养、户外运动，黔西南的探索和努力从未停歇。比如，1998年10月，首届中国国际皮划艇漂流大赛在兴义马岭河峡谷举行；2007年10月，首届中国万峰湖野钓大奖赛举行，推动万峰湖成为业内颇具名气的"垂钓天堂"；2008年，全国山地运动会在黔西南举行；2014年11月，首届中国·环万峰林国际持杖徒步大会在兴义举行；2023年9月10日，万峰林半程马拉松在万峰林举行，这一活动一度登上网络热搜榜；等等。

特别是2015年10月，经国务院批准的中国唯一一个以山地旅游为主题的国家级、国际性峰会——首届国际山地旅游暨户外运动大会在万峰林召开。至2019年，黔西南州连续举办了五届国际山地旅游暨户外运动大会。这一过程中，承办地黔西南借势发力，充分发挥旅游业的拉动力、融合力及催化作用，开发了一批独具特色的山地旅游产品，吸引了源源不断的游客前往游览体验，有力地推动了当地基础设施持续改善、城市面貌不断改观、配套服务加快提升、特色文化繁荣发展，大大增加了老百姓的幸福感，绿水青山正在不断转化为金山银山。

这，就是"万峰成林处，阳光黔西南"！

龙波　执笔

2023年9月15日

让贵州非遗潮起来、活起来、火起来

> 非遗是中华优秀传统文化的重要组成部分，见证着中华文明的绵延传承和博大精深。保护好传承好包括非遗在内的文化遗产，是担负新的文化使命的必然要求，也是助力乡村振兴、推动高质量发展的务实举措。

盛夏的贵州，天气凉爽、空气清爽，避暑旅游人气旺盛、特色文化魅力十足，"村BA""村超"持续火爆、出圈出彩。今天，以"非遗·在时尚中闪光"为主题的第三届中国丹寨非遗周如期开幕，多彩贵州又迎盛事、再添新彩。

贵州历史悠久、文化多彩、生态优良、区位优越，是自然生态的大公园和民族文化的大观园，老天爷和老祖宗给我们留下了无数的自然珍宝和文化瑰宝，非物质文化遗产就是其中的典型代表。民族的就是世界的，包括特色苗绣在内的非物质文化遗产既传统又时尚，既是文化又是产业，不仅能够弘扬传统文化，而且能够推动乡村振兴。

贵州是全国非遗大省。如何认识好保护好传承好利用好非遗资源，是值得深入探讨的重大课题。

一

贵州非遗资源丰富、类别全面、价值突出。

中国非物质文化遗产数字博物馆数据显示，全国现有1557个国家级非物质文化遗产代表性项目，按照申报地区或单位进行逐一统计，共计3610个子项。其中，贵州入选国家级非物质文化遗产代表性项目有99项、159个子项，数量居全国前列。与此同时，贵州还拥有人类非遗代表作名录3项、世界记忆亚太地区名录1项，省级非遗名录628项1025处，市州级名录2000余项，县级名录4600余项。

国家级代表性名录将非遗分为十大门类，贵州均有涉及。其中，数量最多的是"民俗"类，共有38个子项，包括赫章县火把节（彝族火把节）、镇远县三月三（报京三月三）、雷山县苗族牯藏节等；传统技艺31个子项，包括丹寨县苗族蜡染技艺、茅台酒酿制技艺、绿茶制作技艺（都匀毛尖茶制作技艺）等；传统音乐20个子项，最知名的当属侗族大歌；传统舞蹈17个子项，如纳雍县苗族芦笙舞（滚山珠）等；传统戏剧14个子项，如花灯戏（思南花灯戏）等；传统美术、民间文学、传统医药、传统体育游艺与杂技、曲艺分别为12个、11个、9个、4个、3个子项。至于省级、市州级、县级非遗资源，更是琳琅满目、不胜枚举了。

非遗具有十分突出的历史价值、精神价值、科学价值、经济价值、审美价值、教育价值等。贵州非遗资源富集，堪称特色文化宝藏，珍稀宝贵、价值突出。比如，有学者认为，明代宋应星所著《天工开物》所载技艺很多在贵州尚有活态流传，是开展研学、体验、科研的优良资源。再如，苗族长篇英雄史诗《亚鲁王》在民间传承了两千多年，传唱的是西部苗人创世与迁徙征战的历史，也是展现苗族古代社会的"百科全书"。还有，众所周知的酿酒、制茶等传统技艺，苗医苗药等传统医药，均具有突出的经济价值，是不可多得的宝贝、妙方。

二

一方水土养一方文化。贵州非遗资源如此丰硕、保护传承取得今天的成果，既有老天爷的造化，也有老祖宗的赐予，还有老百姓的坚守，也离不开政府和社会各方的共同努力。

贵州东毗湖南，南邻广西，西连云南，北接四川和重庆，境内92.5%为山地和丘陵，自古以来就是多民族辗转迁徙、五方杂处之地，百越、氐羌、苗瑶、百濮4大族系在此交往交流交融，18个世居民族与山水相安、与日月共长，代代相续、薪火相传，用智慧和艰辛创造了风情万种的"文化千岛"，留下了灿若繁星的文化遗产。由此也不难看出，贵州之所以非遗众多、文化多彩，特殊的地理位置、地貌特征和历史沿革是重要成因之一。

如何把老天爷和老祖宗这"二老"留下的优秀遗产发扬光大，很多老百姓特别是传承人用他们的自觉自信和守正创新做了生动回答。比如，赤水竹编传承人杨昌芹，坚守竹编这门非遗老手艺，想方设法把这一传统技艺与时尚元素结合起来，让竹编"老树开花"。都匀毛尖茶制作技艺传承人张子全，在改革开放浪潮之下矢志不移，专心从事都匀毛尖茶的种植和加工，研究出一套"高温杀青，低温揉捻，中温提毫"的独特加工手法，加之祖传的杉枝燃火炒茶，由他炒出的茶深受广大消费者喜爱。这样的坚守令人感动。

近年来，为护好用好非遗资源等文化遗产，贵州全省上下始终坚定文化自信，坚持以多彩贵州民族特色文化强省和多彩贵州旅游强省建设为目标，深化文化旅游融合、文化科技融合，建设了一批文化生态保护区、非遗生产性保护示范基地、非遗工坊，打造了青岩古镇、化屋村、丹寨万达小镇等非遗旅游主题街区和村寨，实施多彩贵州民族民间文化版权服务工程、开展面向全省民族民间文化作品的全覆盖版权公益服务，推动"苗绣""贵银"等非遗产品向产业化时尚化国际化品牌化迈进，为非遗保护传承注入了新活力新动力。

三

非遗是中华优秀传统文化的重要组成部分，见证着中华文明的绵延传承和博大精深。保护好传承好包括非遗在内的文化遗产，是担负新的文化使命的必然要求，也是助力乡村振兴、推动高质量发展的务实举措。要守正创新推动非遗创造性转化、创新性发展，使其更好走向社会、走进生活，加快时尚转型、实现活态传承，真正潮起来、活起来、火起来。

大力提升保护传播水平。坚定文化自信自强，实施民族文化传承弘扬工程等重大文化工程，大力推进非遗系统性保护，不断加大非遗代表性传承人扶持力度，让贵州这座"原生态民族文化博物馆"更加富有生命力。推动非遗等文化遗产加强国际交流传播，更好展示多彩贵州独特魅力，助力增强中华文明传播力影响力，让"民族的"真正成为"世界的"。

始终做好文旅融合文章。坚持以文化旅游融合为根本，着力培育和提升一批非遗小镇、非遗街区、非遗村落，推出一批特色文化旅游线路及新产品新业态，开展非遗展示、文化展演、旅游展销"三展合一"主题营销，持续擦亮文化底蕴浓郁、体验性强、特色鲜明的非遗旅游名片，不断满足游客及群众美好生活需求，让文化和产业相得益彰，助力建设世界级旅游目的地。

　　为非遗插上科技的翅膀。顺应文化和科技融合这个趋势，大力实施传统工艺的振兴计划，围绕"文创＋中西合璧""文创＋民族文化"开发一批文创商品，为贵州刺绣、银饰、蜡染等文化产品注入更多的现代科技元素，线上线下融合开拓非遗产品市场空间，把非遗变得更加好看好玩好吃好用，推动"指尖技艺"持续转化为"特色经济"，让传统文化散发时尚魅力。

胡松　执笔

2023 年 7 月 21 日

文脉探源

　　绵长的历史、独特的地貌，共同孕育了贵州多彩的文化瑰宝，比如，明初建省时星罗棋布于各交通要冲的屯堡，既演绎着属于大明的家国情怀，也承载着"维护国家统一、促进民族融合"的时代价值。王阳明在贵州龙场悟道，"阳明心学"由贵州而神州。悠远的文脉需要梳理，掸去浮尘好让灿烂纹理重放异彩，"四大文化工程"即是对这些文化瑰宝的研究阐释与转化传承，是为贵州立心、为发展赋能的重要举措。

贵州屯堡，有何重大价值

> 屯堡作为一个时代的"活化石"，承载着厚重的历史，体现着数个世纪前那一重要历史时期的政治、经济、人文、宗教、习俗、审美等方面的特征和面貌，是我们探究贵州发展进程、探讨明朝兴衰密码、探寻汉民族传承发展机理的有力凭证，有助于勾勒文明从涓涓溪流到江河汇流的发展历程。

在辉煌灿烂的中华文化特别是多姿多彩的贵州文化大观园中，屯堡文化是一枝满载文明、值得深探的花朵。

《明史》载："明以武功定天下，革元旧制，自京师达于郡县，皆立卫所。"贵州屯堡即是明初朝廷在贵州广置卫所、开展军屯，之后逐渐与明清以来诸多的民屯、商屯相互依存、相互融合、传承发展的产物。历经600年的变迁，曾经广布贵州的屯堡，如今在安顺一带保存得最为完好并活态传承着，铸就了一座座时光的峰峦、文化的宝藏。

历史文化遗产不是孤立的存在。站在600年后的今天回望历史，我们深深感到，屯堡虽然只是历史滚滚向前的一小块垫脚石，但屯堡及相关遗存背后积淀着深厚的历史，蕴藏着不可低估的价值。我们有必要从历史长时段和大视野出发，把屯堡及相关遗存放在明朝南征北战的军事背景下去认识，置于多民族大融合的历史进程中去重构，着眼整个贵州发展脉络的基本图景去梳理，发现其消逝在时间长河中的重大军事价值，发掘其仍可"磨洗认前朝"的重大历史价值，发扬其共同铸牢中华民族共同体意识的重大文化价值。

一

回望明朝风云，屯堡承载着宏大的国家战略。

入明以来，国势日强，朝廷志在扫除残余、开疆廓宇、确保边防稳定、实现国家一统。

在北方，明太祖朱元璋、明成祖朱棣数次亲征，进击漠北，打通河西走廊，并"筑石垣，深濠堑，以固防御"，修缮"边墙"、广筑长城，遍设卫所、实施屯田，把明朝的北部边防线推进到大兴安岭、阴山、贺兰山以西以北一带。

在南方，突出开拓和经略大西南。洪武五年（1372年）"遣翰林院待制王祎赍诏谕云南"，洪武十四年（1381年）

命傅友德率师征云南，随后实施"调北填南""移民就宽乡"等重大战略，告谕傅友德："前已置贵州都指挥使司，然霭翠辈不尽服，虽有云南，不能守也"，对西接滇蜀、东连荆粤、地齿神州并控扼边疆的战略要地贵州广置卫所，派出重兵把守。彼时的贵州逐渐变得军屯民屯商屯广布、驿道驿传兴起，极大地改变了政治经济形势，直接促成了"贵州建省"，让"黔中一省，俨然进明堂"。

清代谷应泰所著《明史纪事本末》内容囊括有明一代重要史事，是今人研究明史的重要参考，其篇幅仅80卷，却专辟一卷记述"开设贵州"的过程，可见屯守贵州、"开设贵州"在明朝近300载春秋中的重要地位。立足当下，放眼历史，"贵州建省"于大局全局而言意义十分重大，客观上巩固了祖国边疆，维护了国家统一，促进了民族融合，推动了西南地区经济社会发展。

漫天的征尘早已落定，历史的沧桑令人感慨。屯堡服务战争的重大军事价值已经随着王朝更迭、经济发展和社会进步而磨灭在无尽的岁月里，但贵州作为大西南重要交通枢纽的地位却由于历史的演进而愈加明显、更加巩固。

二

纵观发展进程，屯堡见证着无声的民族融合。

跨越漫长的时空透视历史的轨迹，黔中大地因其地理位置的特殊性，自古以来就是多民族交往交流交融的重要地区，各族先民在这里"大杂居、小聚居"，形成了"你中有我、我中有你"的和谐局面和包容特征。

明初以降，随着"调北征南""调北填南"的大规模汉族移民人口的到来，在长期的军事斗争和生产生活中与当地少数民族相互影响、相互涵化，加速了黔中大地文明的进程。史料称："冠武冠者，皆指挥、千百户，其子弟军余，悉开庠序以教，巾方巾，履朱履，彬彬矣。""峒中富苗"亦停居驯蒙，识书字大意。"诸苗种落……日担负薪炭米豆竹木，牵逐牛豕来卫，市如云集，朝至暮归"。这些从一个侧面展示了屯堡军民与贵州当地先民逐渐接触、渐趋融合、一体发展的生动场景。

时代造就英雄，时势召唤英雄。每当历史的发展来到关键节点，总有人大义凛然、奋勇当先。在明朝初年贵州军民杂处、多民族融合发展的进程中，为推动边疆稳定、民族团结和地方发展而努力的，不只有贵州新入的军民，也有当地的各族百姓，特别是少数民族首领，奢香夫人就是其中的杰出代表。史书记载，贵州都督马晔"以事挞香，（欲）激为兵端"。在此事端下，"宋钦妻之乘间奔朝，安奢香之闻呼赴阙，两女子观变决机，勇于丈夫。甚至入见高皇后，使高帝竟斩马都督"。后来，奢香信守"开西鄙"承诺，"开赤水之道，通龙场之驿"，大大促进了边疆稳定、民族团结和地方发展。

今天独具特色的屯堡文化，既是屯堡人恪守文化传统的成果，又是在长期生产生活实践中创造的独特地域文化，是不可多得的宝贵遗产，以一隅之光彰显着中华大地多族共融的壮阔历程，见证着中华文明多元一体的基本格局，昭示着各族群众构建和而不同、求同存异理想社会秩序的不懈追求，对研究、铸牢中华民族共同体意识具有重要的价值。

三

洞察前世今生，屯堡传承着鲜活的历史记忆。

"我是谁？我从哪里来？"追根溯源、寻祖问宗，我们对自身起源问题的关心与探索从未止步、从未停歇。

屯堡作为一个时代的"活化石"，承载着厚重的历史，体现着数个世纪前那一重要历史时期的政治、经济、人文、宗教、习俗、审美等方面的特征和面貌，是我们探究贵州发展进程、探讨明朝兴衰密码、探寻汉民族传承发展机理的有力凭证，有助于勾勒文明从涓涓溪流到江河汇流的发展历程。

屯堡及相关遗存里，蕴藏着构建贵州发展基本图景的关键素材。透过屯堡村落的斑驳垣墙，走进历史典籍的字里行间，纵观明初贵州卫所、驿道、关隘的总体布局，我们可以清晰地感受洪武初年黔中大地"诸卫错布于州县"和外来移民与当地先民逐渐交融的城乡面貌，仿佛看到"将军征战万重山""山间铃响马帮来"的社会场景，令人联想起湘黔、滇黔、川黔、黔桂、川黔滇五条驿道上熙熙攘攘、穿梭繁忙的景象。

屯堡及相关遗存里，蕴藏着把握明朝兴衰成败的重要线索。"出乎史，入乎道。欲知大道，必先为史。"研究屯堡历程及与之关联的系列制度和大事要事，可以厘清明朝卫所制度和军户制度从严密高效到逐渐松散崩溃的基本脉络，可以探索一代王朝从雄心勃勃、欣欣向荣到暮气沉沉、土崩瓦解的基本历程和规律，从中收获深刻的警示和无限启迪，更好地鉴往知来、继往开来。

屯堡及相关遗存里，蕴藏着研究汉族古风古韵的独特基因。经历数百年历史洗礼，屯堡居民犹如一支跨越时空的队伍，固守着原籍地已消失了的一些语言、古曲、习俗、服饰、戏剧及生产传统等明朝遗风，堪称古汉族文化的鲜活标本，闪烁着文脉绵长之美，令人惊异和感叹，为研究汉族文化的形成发展及内在机理提供了丰富资源。

文物及文化遗产承载灿烂文明，传承历史文化，维系民族精神，是老祖宗留给我们的宝贵遗产。如何更好地认识、挖掘和弘扬屯堡这一珍贵历史文化遗产应该具有的重大时代价值，是值得深入思考研究、汇聚力量加快推进的一项重大文化工程。

岳江山　汪帆　胡松　执笔

2022 年 12 月 7 日

让屯堡文化绽放时代光彩

> 屯堡文化是随着明代贵州建省而产生的文化血脉，蕴含着"维护国家统一、促进民族融合"的深刻内涵，具有重要的战略价值、文化价值。

古老而神奇的贵州大地上，诞生了诸多的文化瑰宝，其中在传统文化领域，阳明文化和屯堡文化是两个尤为重要的文化符号。王阳明在贵州创立的阳明心学，在中国乃至世界都产生了深远影响。而与阳明文化诞生在同一朝代、时间更早的屯堡文化，知道的人却不多，其丰富内涵、历史地位和战略价值值得深入探讨。事实上，屯堡文化是随着明代贵州建省而产生的文化血脉，蕴含着"维护国家统一、促进民族融合"的深刻内涵，具有重要的战略价值、文化价值。今天，我们传承、弘扬中华优秀传统文化，增进文化自信，有必要重新认识屯堡文化的重大意义和历史地位。

一

屯堡和长城一样，蕴含着维护国家统一的精神价值。

明朝初期，退守边陲的元朝残余势力威胁着明政权安全。为实现稳边控边，朱元璋、朱棣父子采取了北守南进的国家战略。在北边，投入巨大的国力建设中国古代第一军事防御工程——长城，构筑了"峻垣深壕，烽堠相接"的军事防御体系。与北边采取的守势不同，明朝廷在南边则采取了攻势，通过十余年的准备，一举平叛盘踞云南的残元梁王巴扎剌瓦尔密。之后，朱元璋认识到西南稳定的重要性，并从巴扎剌瓦尔密十余年与明朝廷的对抗中，意识到贵州这片隆起于四川盆地与广西丘陵之间的高原山地的重要战略地位。这是因为，贵州扼控着川陕、两湖、两广与云南的交通命脉，且重峦叠嶂、地形崎岖，对云南形成一道天然的屏障。如果贵州的问题处理不好，云南稳定的形势将难以巩固。朱元璋决定，让数十万军队就地驻扎于云贵高原，设置贵州都指挥司，在贵州广建屯堡，一边操练军队，一边垦荒种地，军费自给自足，以实现长久稳定管理。如此形势下，屯堡逐渐广布贵州全域，整个贵州都变成了一个"大屯堡"。在随后的岁月里，明朝廷出于维护政治稳定、加快经济社会发展的考虑，实施了"调北填南""就宽乡"的移民政策，鼓励百姓从地少人稠的地区迁移到地广人稀的地区。在政策驱使之下，大量的军队家属、普通民众等从外地来到贵州，深刻地改变了贵州的政治、经济、社会面貌。

明成祖朱棣沿着其父亲的思路，继续加强贵州的管理。永乐十一年，即公元1413年，贵州思州、思南两地土司因争夺领地刀兵相见，明朝廷很快解决了这场动乱，果断在贵阳设置贵州布政使司，这是专管行政的省级机构，意味着贵州正式建制为省，并成为全国第13个行省。

穿越历史风云，屯堡直接促成了贵州建省，开启了中央王朝更加有效地治理贵州新的历史阶段。从这个意义上讲，屯堡作为明王朝守卫、开发和管理边陲地区的主要依托，和长城一样起到了维护国家统一的作用，是可感可知的历史遗存，也是中华优秀传统文化的绚丽瑰宝。

二

屯堡文化除了具有维护国家统一的精神价值，还具有促进民族融合的精神价值。

当年，驻扎屯堡的军人以及大量从江南、中原等地迁入贵州的移民，与原来就居于贵州的各民族人民进行了深度交流、交融。

一方面，他们把江南文化、中原文化带到贵州这片尚待开发的土地，促进了社会进步。比如，他们带来了先进的农业技术。屯堡人讲究精耕细作，精选良种，大量修筑沟渠和堰塘。当地民众学习屯堡人的农业生产方式，大大提高了农业生产率。又如，带来了先进的手工业技术。广布贵州的卫所本身必须能打造武器、钉马掌、制马鞍等，直接促进了贵州铁制业的发展。屯堡妇女还善于织布，这也带动了贵州棉纺业的发展。再如，迁入贵州的移民中，有一部分是商人，他们的到来，弥补了当地商品物资的不足，促进了工商业的发展。

另一方面，屯堡文化也在交流交融的过程中发生了一些变化，如屯堡人建房多用石块垒墙，这既是就地取材，也是受到了布依族擅长以石建房的影响。在数百年的互动与融合中，屯堡人与贵州各民族人民不断地相互交融，形成了"大杂居、小聚居""你中有我，我中有你"的民族分布结构特征与和谐局面，成为中华民族在互动融合中发展的一个生动缩影。

庆幸的是，尽管历经 600 年风雨沧桑，贵州的屯堡仍然留下了大量遗存。在今天的安顺、贵阳、黔南、毕节等地，那些仍然充满生气的活态屯堡，以某某屯、某某营命名的地名，鲜活地述说着屯堡维护国家统一、促进民族融合的故事。今天，在屯堡文化保存最为完好的安顺，还会见到穿着青、蓝、绿大襟长衫的妇女，她们的长衫镶着宽边，腰中系着丝带，头上梳着凤头笄，上插玉簪和银器，穿着脚尖上翘的鞋，他们的着装打扮，恪守着明朝初年江南妇女的装束风格。不仅是穿着，屯堡人还执着地传承着先民们的文化个性，他们的语言与江淮口音多有相似之处，他们演绎的花灯曲调带有江南小曲的韵味，他们的习俗彰显着以汉文化为母体的鲜明特色。行走在屯堡，我们依稀可见600多年前江南一带的民风民俗，这也为我们了解历史、感受历史提供了活生生的素材。

习近平总书记强调，推动中华优秀传统文化创造性转化、创新性发展。在新时代新征程上，我们要做好屯堡文化的挖掘，讲好屯堡文化的故事，让屯堡文化蕴含的"维护国家统一、促进民族融合"的精神价值为更多人所知晓、绽放新的时代光彩，让百花齐放、百花争妍的中华文化大观园更加绚丽多彩。

蔡鹏　执笔

2023 年 5 月 19 日

阳明先生是"一夕悟道"吗

> "龙场悟道"之后,阳明心学雏形粗具、走上历史舞台,将儒家之学推向了新的高度。阳明先生本人也从这里开始,逐步成为梁启超所提出的中国历史上的"两个半圣人"之一。

著名文化学者郦波新作《心学的诞生》在贵州修文首发,网友学友书友们的目光又一次聚焦到贵州,关注阳明先生"龙场悟道"。

搜索网友发言和网络文章、浏览一些著作会发现,不少人认为阳明先生在贵州贵阳修文龙场是"一夕悟道",或者表述为"一夜成圣",之后,便是"开挂"的效果、人生的巅峰。

阳明先生"龙场悟道"是"一夕悟道"吗?怀着"学则需疑"的态度,咱们来探讨探讨。

一

《明史》记载:"正德元年冬,刘瑾逮南京给事中御史戴铣等二十余人。守仁抗章救,瑾怒,廷杖四十,谪贵州龙场驿丞。"《王阳明年谱》记载:"(明正德)三年戊辰,先生三十七岁,在贵阳。春,至龙场。先生始悟格物致知。"

龙场驿位于今贵州省贵阳市西北的修文县城区。据《贵州通志·建置志》记载:明代在这里设"驿丞一员,吏一名,马二十三匹,铺陈二十三副"。但当阳明先生一路惊魂、历经劫难抵达时,这里的"编制""配置"早已荡然无存,连吃住等基本生存需求都无法保障。此种境况,令阳明先生发出灵魂拷问:"圣人处此,更有何道?"

"自计一切得失荣辱皆能超脱,惟生死一念,尚在心中萦绕"的阳明先生日夜思索、不得其解,"甚而作一石棺,躺而闭目沉思"。一切的转变似乎发生在一个夜晚,《王阳明年谱》这样记载当时的场景:"忽中夜大悟格物致知之旨,寤寐中若有人语之者,不觉呼跃,从者皆惊。始知圣人之道,吾性自足,向之求理于事物者误也。"大意是说,一天深夜,阳明先生在睡梦中灵光一现、幡然猛醒,悟出了圣人之道自身本具,无须向心外寻求,理就在心中的道理,于是呼跃而起、放声大叫,众人都感到十分惊讶。

这次经历被后人称为"龙场悟道"。在中国文化史上，是一个标志性的重大事件。"龙场悟道"之后，阳明心学雏形粗具、走上历史舞台，将儒家之学推向了新的高度。阳明先生本人也从这里开始，逐步成为梁启超所说的中国历史上的"两个半圣人"之一。

二

思想的结晶好比"十月怀胎"后的"一朝分娩"，一定有一个漫长的过程。表面上看，阳明心学诞生在一天夜里的电光石火间，但阳明先生如果没有在长期的学习和磨砺中练就"一夕悟道"的功力，就一定不会成就"一夕悟道"的功果；换言之，没有数十年量的不断积累就不会迎来龙场驿那一刹那间质的猛然飞跃。

"一夕悟道"是志存高远后的嬗变。阳明先生12岁时，就曾请教老师"何为第一等事"。老师听到后回答"惟读书登第耳"。他听后反驳道："登第恐未为第一等事，或读书学圣贤耳。"可见，阳明先生年少时就立下了做圣贤之志。即便是贬谪龙场驿，也一样在思考"圣人处此，更有何道"，这可以看作阳明先生以圣人的标准要求自己。悟道之后，他在《教条示龙场诸生》中首倡的也是"立志"，认为"立志而圣则圣矣，立志而贤则贤矣"。《传习录》中记载："只念念要存天理，即是立志。能不忘乎此，久则自然心中凝聚，犹道家所谓结圣胎也。"由此可见，龙场"一夕悟道"正是阳明先生"取法乎上"并痴心不改修得的正果。

"一夕悟道"是泛滥词章后的升华。阳明先生出生在书香世家，饱受文化熏陶，加之"明睿天授"并广积博采，为"一夕悟道"打下了坚实基础。《明儒学案》中黄宗羲云："先生之学，始泛滥于词章。继而遍读考亭之书，循序格物。"《王阳明年谱》记载，王阳明在学习兵法时，"留情武事，凡兵家秘书，莫不精究"；精研辞章之学时，"搜取诸经子史读之，多至夜分"。他还认真地修习过道家、佛家、理学等学说。在阳明先生的《家训》开篇中，首先提到的就是读书增进学问。事实上，在人类历史上有很多著名的灵感乍现时刻，阿基米德在洗澡的时候，看见溢出来的水，想到了计算浮力的办法；凯库勒梦见蛇咬着尾巴，继而提出苯分子的环形结构；牛顿被苹果砸到头上，受到启发发现了万有引力。但这些灵感的背后都是"百分之九十九的汗水"，都是思想者经历了相当长时间的学习，认知积累到一定程度后发生的跃升。"龙场悟道"亦是如此。

"一夕悟道"是事上磨炼后的飞跃。众所周知，谪官龙场，是阳明先生的一次劫难，但也是促成他"悟道"的大事因缘。王阳明抵达龙场后，经历了环境艰险、疾病缠身、官吏迫害等苦难。面对如此局面和处境，他没有苟且，而是向内求力量，"再经忧患，而始豁然大悟'良知'之旨"。后来，他回忆说："某于此'良知'之说，从百死千难中得来。"可见，"悟道"之路本身就是一条"在事上磨炼"的上下求索之路。著名学者杨国荣说："这并不完全是一种突如其来的神秘顿悟，而是一个长期沉思与瞬间突破交互作用的过程。""文王拘而演《周易》，仲尼厄而作《春秋》，屈原放逐，乃赋《离骚》，左丘失明，厥有《国语》。"或许谪贬龙场，也是"心学"昌明的"必经之路"吧！

"一夕悟道"是特殊山水人文浇灌后盛开的花朵。阳明先生走进贵州特别是抵达龙场后，展现在他面前的完全是一幅不同于中原、不同于家乡的自然环境和社会环境。在与山水对话、与"夷人"相处、与坏人斗争的过程中，"阳明之困""阳明之情""阳明之心""阳明之学"悄然发生了变化。著名学者郦波就从自然山水之助、民性质实之助、思想文化环境之助三个方面阐述了贵州特殊环境在阳明心学诞生中的作用。阳明先生一生留下600多首诗，这是研究阳明心学不可或缺的资源，其中100多首作于贵州，很多都显露出阳明先生从贵州山水人文中得到启发的痕迹。所以，可以自信地说，阳明心学是深深打上了贵州烙印、刻下贵州基因的中华优秀传统文化的精华。

三

习近平总书记在不同场合多次提到王阳明或引用阳明学说，并把阳明心学等中华优秀传统文化加以转化，提出党性教育是共产党人的"心学",修炼共产党人的"心学"就是修炼党性。这是以马克思主义为指导对中华优秀传统文化进行创造性转化和创新性发展而形成的思想理论创新成果。

党的十八大以来,以习近平同志为核心的党中央,先后开展了党史学习教育等5次党内集中学习教育,目前正在推进习近平新时代中国特色社会主义思想主题教育,每一次都是理论武装的重要课堂、自我革命的生动实践和凝心聚力的奋进号角,本质上都是正己心、守初心、立天地心的过程,都是在回答共产党人的"心学"这一重大命题。当然,修炼共产党人的"心学",仅靠几次集中学习教育还不够,必须将其作为长期任务,融入日常、抓在经常,持之以恒、久久为功,直至成功"悟道"。

我们要汲取"龙场悟道"的有益养分,正确认识和把握其时代价值,悟出修炼共产党人"心学"的秘诀;更好地淬炼"立志"的功夫,任何时候都像阳明先生一样,虽身处绝境仍胸怀天下,坚定理想信念、补足精神之钙;更好地锤炼"勤学"的功夫,绵绵用力、久久为功,在常学常新中开阔视野、加强修养、增强定力、提高本领;更好地锻炼"实践"的功夫,知行合一、求真务实,不断地在事上磨炼,在游泳中学会游泳,在千锤百炼中正心明道、怀德自重。

谢江林　执笔

2023年4月4日

几则阳明的故事　几点成长的思考

> 经典之所以经典，就源于它所具有的那种能够穿越时空与文明、穿透人群和年龄的直抵人精神深处、带给人思想启迪的力量。

经典之所以经典，就源于它所具有的那种能够穿越时空与文明、穿透人群和年龄的直抵人精神深处、带给人思想启迪的力量。作为"立德、立功、立言"三不朽圣人的王阳明，终其一生留下了许多放在如今依然闪闪发光，值得当代青少年学习借鉴的言论和行为。笔者截取了几个剖面，姑且论之，以期抛砖引玉、启发思维、提供镜鉴。

剖面一：要成事，先立志

王阳明非常重视"立志"，无论是他给兄弟、子侄的家书中经常强调的"夫学，莫先于立志"，还是教导学生的"志不立，天下无可成之事"都可见一斑。他自己也很早就立定了志向，1483年，12岁的王阳明跟着担任翰林院修撰的父亲王华居住在京城。有一天，他一本正经地问塾师："何谓天下第一等事？"塾师道："惟读书登第耳。"王阳明觉得这不是他心目中的答案，便郑重地自答："我以为第一等事应是读书做圣贤。"这便是少年王阳明在心中立下的志向，命运的齿轮也在他立志后开始转动。

王阳明还曾对"立志"之于人生的重要性作过一个很形象的比喻："志之不立，犹不种其根而徒事培拥灌溉，劳苦无成矣。"意即，人生不立定志向，就如同培种植物时不注意培种植物的根茎，而只知道去备垄、培土、施肥、浇灌，辛苦劳作最终却难有收获。小到修身、齐家，大到治国、平天下，都是这个道理，如果没有一个总的目标做牵引，力量就很难集中，甚至还有忘记初心使命以致迷失方向的危险。

青少年不单要立志，还要早立志立大志，这是由青少年所处的人生阶段的特征决定的。青少年时期是人生的起步阶段，充满了各种可能和希望，也面临很多诱惑与抉择，早些把志向立定，既可以将更多有效的时间投入到努力实现志向中去，也可以多些容错的空间和纠错的时间。同时，青少年时期是人生之华年，开什么样的花才能结什么样的果，立什么样的志向往往也会对人生走向起到引导的作用，因此立志既要根据自身实际，不好高骛远，也要跳出个人的局限，将其放置在国家和时代的需要的广大空间中去，避免孤芳自赏。

剖面二：漫漫人生路，每步都算数

王阳明的好友湛甘泉在为王阳明所写的墓志铭中有一段有名的"五溺之说"——"初溺于任侠之习，再溺于骑射之习，三溺于词章之习，四溺于神仙之习，五溺于佛氏之习。正德丙寅，始归正于圣贤之学"。这可以看作是对王阳明龙场悟道前35年求索人生的概述，这"五溺"看似让王阳明在创立心学之前走了很多弯路，甚至像是偏离了他12岁时就立定了的做圣贤的志向。但细细分析来，这关联度不大的"五溺"，其实每一"溺"都为王阳明成为不朽圣人提供了重要的能量。

任侠、骑射二溺起于王阳明15岁时游览居庸三关。边塞的风物，防御的设施，给予他深刻的印象，也引起他经略四方的志愿。26岁时，边报很急，他受影响，博览兵家的书籍。28岁时，边患愈炽，已经入朝为官的他上边务八事的奏章。这些积累为他后来平定四省匪乱、建立43天平定宁王朱宸濠叛乱不世奇功、平定两广瑶民和大藤峡八寨之乱等奠定了扎实基础。辞章一溺，让王阳明拥有了丰富的知识储备和首屈一指的写作水准。神仙和佛氏二溺，对王阳明思想的启发很多，后来提出的"心即理"，追求"道"，提出的"无善无恶心之体"等均可见影响，这些为他在批判理学、考察世间学问和为儒家正本清源的基础上创立心学，打下了思想体系的根基。

青少年时期是思想最活跃、最容易接受新事物的时期。王阳明的"五溺时代"告诉我们，"人需在事上磨，方可立得住"，成就源于积累，不妨在做好主业的同时，多培植些兴趣爱好，大胆去热爱、尝试、实践，广泛地去涉猎各种有益的知识，不要怕走弯路，因为当我们把时间尺度放大到人生的长度时，走过的每一步，都将在未来的某一个时刻发挥它的作用。有时候我们不敢去选择，往往是因为选择带来结果的不确定性，如果再叠加学业压力，往往会让人瞻前顾后、举棋难定，生怕错一小点，以后人生就不如预期。但与其这样纠结于难以预判的利弊得失，不如起而行之，遵从内心做点自己喜欢的事，这将有效减少因为选择困难带来的焦虑和精神内耗，也为自己的人生增加了更多可能。

剖面三：面对挫折和困境，做内心强大的自己

屡试不第，对于读书人来说往往是重大打击，并以此为耻，但王阳明面对这类挫折从来都是豁达的态度。1493年，22岁的王阳明第一次参加会试，没有中第，当时主考官李东阳对这位晚辈半戏谑半劝慰地说："待汝做来科状元，试作《来科状元赋》。"王阳明洒脱非常，没有推辞，挥笔而就。

25 岁第二次参加会试，还是遗憾落第，他的父亲及亲朋都安慰他，他自己却很不以为意，还说出了那句科场名言："世以不得第为耻，吾以不得第动心为耻。"

两次会试落第，完全没有影响到王阳明的心态，在备考之余，他或归余姚，结诗社于龙泉山寺，对弈联诗；或寓京师，苦学诸家兵法，以果核列阵为戏。苦读朱熹《四书集注》，循序致精，居敬持志；甚至偶闻道士谈养生，还产生了遗世入山的念头。真正是置考试成绩于度外，该吃吃该喝喝，够"心大"的。

对于青少年来说，考试是家常便饭，它在保证了竞争的相对公平的同时，也给大家带来了不小的压力。除了学业上有形的考试，生活中还有许多无形的"考试"——各种角逐无处不在。王阳明的"不动心"就是要求一个人无论遇到什么境遇都能够保持内心的平和，不让自己为情绪左右，真正做情绪的主人，《大学》的"静而后能安，安而后能虑，虑而后能得"，讲的便是"不动心"的状态，这对于我们应对纷繁复杂的局面和各种挑战尤为重要。古话讲"人生不如意事十之八九"，很多客观存在是不以人的意志为转移的，虽然我们不能控制事情的走向，但我们可以选择以如何的心态去面对。比如，在逆境中，如果"动心"，或产生畏惧的情绪、或生出撤退的想法，除徒增烦恼外，还乱了自己的阵脚，四面楚歌可算一例；相反，如果"不动心"，起码不会让局面恶化，冷静地在危中寻机，或许还能找到一线转机也未可知，空城计可算一例。

剖面四：心中装着良知，眼前就有方向

"此心光明"的王阳明，对于捍卫心中的正义良知，是可以做到置前途，甚至性命于不顾的。1506年，35岁的王阳明做了一件在很多官场"老油条"看来很"愤青"的事情——冒着得罪权阉的风险上了《乞宥言官去权奸以章圣德疏》。当时，受正德皇帝宠信的宦官刘瑾等擅权，以逐刘健、谢迁为导火索，激起了士人共愤，其中南京言官戴铣等二十一人上疏为刘、谢二人求情被抓了典型，二十一人全部被逮捕，各廷杖三十，戴铣甚至直接死于杖下。在这个过程中，王阳明有感于朝廷的昏暗，虽然明知会得罪当权者，仍然挺身而出，上疏营救，并抨击宦官专权。这当然触怒了刘瑾，挨了廷杖四十，被下诏狱，后经李东阳营救，才判了贬谪贵州修文龙场驿的处罚，他的父亲王华也受波及，被明升暗降调任南京吏部尚书。

在北镇抚司狱中，王阳明没有被恶劣的起居饮食、狱卒的毒打责骂所击垮，凭着对正义良知的坚定信仰支撑着身体和精神，他不断以默诵圣贤书来激励自己，即使在现实中找不到光亮，也要从自己的内心中找到。读他在狱中所作《狱

中诗十四首》中的一些诗句，如"逝者不可及，来者犹可望"等，可以明显感到他对未来依然充满信心。在狱中，他不只要自己看到光亮，还要将内心的这份光明传递给其他人，"累累囹圄间，讲诵未能辍"，他甚至把方寸牢狱当成了讲堂，给狱中良友讲起圣人之学来。

  青少年时期是人生观、价值观形成的关键期。面对世界的深刻复杂变化，面对社会各种思潮的纷鸣激荡，面对鱼龙混杂、泥沙俱下的社会现象，青少年如何在价值取向日趋多元的时代背景下，养好护好自己的人生观、价值观，进而指导自己的行为，是必须应对好的人生课题。王阳明追求正义和良知的坚定信仰启示我们，不管时代怎么变化，舆论场如何嘈杂，有一些道理是亘古不变的，而且充满了人性的光辉和勇气的价值。不辨是非、人云亦云地随大流，也许可以苟得一时之安、一身之全，但并不代表就是对的。青少年读书不只是为了认得几个字，而是要通过学习提高精神境界，养成胸怀"国之大者"的大胸怀、心载"民之大事"的大情怀，为着心中的正义良知，敢于同各种恶作斗争，肩负起民族复兴大任。

汪帆　执笔
2023 年 12 月 7 日

从孔学堂文明论坛看阳明文化转化运用

> 真正的思想绝不是虚无缥缈的空中楼阁，而是实实在在的行动指南。数百年来，阳明心学始终经久不衰、播扬四海、"其道大光"，充分彰显了这门学问十足的活力与魅力，是行得通、真管用的哲学。

2023年11月11日至12日，以"阳明心学与企业家精神"为主题的首届孔学堂文明论坛在贵阳成功举办。

乍一见"孔学堂文明论坛"这个名称，不知道你能否将"文明"二字与"阳明心学"联系起来？据《阳明先生年谱》载，明正德四年（1509年），阳明先生38岁，"贵州提学副使席书聘先生主贵阳书院，身督诸生师先生。是年，先生始论'知行合一'"。阳明先生讲学的这个地方，就是当时的贵阳文明书院。

500多年后的今天，特别是正值广大党员干部群众深入学习贯彻习近平文化思想的当下，在贵阳孔学堂阳明大讲堂举办孔学堂文明论坛，推动阳明心学和阳明文化转化运用，推进中华优秀传统文化创造性转化和创新性发展、助力建设中华民族现代文明的宗旨就十分鲜明。

一

"万物有所生，而独知守其根"。中华优秀传统文化是中华民族的根和魂。在内涵丰富，思想深邃、博大精深的习近平文化思想中，赓续中华文脉、坚定文化自信始终是一个重要命题。2014年全国"两会"期间，习近平总书记在贵州代表团审议时说，弘扬传统文化方面，贵州有优势，王阳明在那里参学悟道，这里面有很多可以挖掘的东西。强调："我们坚持道路自信、理论自信、制度自信，最根本的还有一个文化自信。"

阳明先生在贵州贵阳修文"龙场悟道"，创立了阳明心学。这在中国文化史上是一个标志性的重大事件，阳明心学从此雏形初具、走上历史舞台，将儒家之学推向了新的高度。不仅中国人敬仰他、学习他，而且他的"心学"在朝鲜半岛、日本、东南亚乃至全世界范围内都有着重要而深远的影响。可以说，阳明心学正是诞生在贵州大地上的中华优秀传统文化的精华。贵州作为王阳明悟道地、阳明心学诞生地，贵州人特别是贵州的文化人对阳明心学和阳明文化的研习"近水楼台先得月",应该有更深刻的心得。挖掘和弘扬阳明心学,贵州有优势有条件做深入探索。

当前,贵州正大力实施阳明文化转化运用工程,致力于打造阳明文化新高地,成立了高规格的阳明文化转化运用工程学术委员会,深入推进《阳明文库》重大文化出版工程,创作《阳明悟道》等文化文艺精品,发布《阳明学年鉴》,推动阳明文化研究转化向系统化、集成化、品牌化迈进。

二

真正的思想绝不是虚无缥缈的空中楼阁,而是实实在在的行动指南。数百年来,阳明心学始终经久不衰、播扬四海、"其道大光",充分彰显了这门学问十足的活力与魅力,是行得通、真管用的哲学。

这次论坛以"阳明心学与企业家精神"为主题,其目的就是要深入挖掘阳明心学的当代价值特别是在培育新时代企业家精神方面具有的重大价值,推动阳明心学在回应时代诉求、解决时代课题中进一步发扬光大。

有人认为,近代以来把王阳明的心学和企业经营结合到"炉火纯青"的人,当属日本的稻盛和夫。阳明心学的哲学思想,在稻盛和夫的企业战略中被用得淋漓尽致。其实,阳明心学的精髓与企业经营之道、与新时代所倡导的企业家精神之间确有不少契合点、共通处。

比如，阳明先生讲"志不立，天下无可成之事"，而且他做到了"为天下苍生而立志"，"饱经磨难而志不改"。今天的企业家，也能从中获得启发，像阳明先生一样，以浓厚的家国情怀为国担当、为国分忧。比如，阳明心学强调"心外无物"，高扬着主体性精神，注重人的主体力量、人心的力量、思想的力量，注重"发挥人的主观能动性"，这与企业家必须具备的"敢为天下先"的胆略和创业创新的品质是高度一致的；再如，"知行合一"是阳明心学的思想精华，这一认识论对于企业家也是管用的，带来的启发就是必须言行一致、担当作为，抛弃"一夜暴富"和"空手套白狼"的幻想，老老实实开工厂、办实事、兴实业；又如，阳明心学"致良知"的修养学说，与今天强调的企业经营中的法治意识、契约精神、守约观念，以及真诚回报社会、切实履行社会责任的要求，也是非常契合的；还有，阳明先生"万物一体"的学说和"天下一家""中国一人"的政治观，对于今天的企业家立足中国、放眼世界，不断拓展国际视野大有裨益；等等。

阳明心学和阳明文化博大精深，只要找准阳明心学与企业家精神内在的契合点，企业家就能从中获得思想的滋养和精神的力量，阳明心学也可以由此得到传承弘扬，两者可以互相成就、相得益彰。

三

作为贵州深入实施阳明文化转化运用工程的一项具体举措，孔学堂文明论坛将分年度围绕不同主题持续举办。阳明心学是涉及人生论、认识论和修养学说等众多领域的"大学问"，其中的奥妙说不完道不尽，值得反复"论道"。

特别是阳明心学与马克思主义，与政治学、经济学、教育学、心理学、伦理学等各领域结合，能够产生出回答当代问题的"心学"，给人启发、使人"顿悟"，从而找到企业经营之道、做人做事之道、自信自强之道、治国理政之道。

比如，对于广大党员干部来说，要坚持把阳明心学与推进新时代党的建设新的伟大工程结合起来，深入学习党的创新理论，加强党史学习教育，同时学习新中国史、改革开放史、社会主义发展史，以涵养知行合一、务实笃行的品质，做到正心明道、怀德自重，持之以恒修炼好共产党人的"心学"。

比如，对于贵州来说，用好阳明文化这个文化瑰宝，挖掘其中的人文精神，有助于进一步坚定文化自信。贵州正深入实施阳明文化转化运用工程等"四大文化工程"，大力构建推动社会主义文化繁荣发展、建立贵州人民文化自信自强精神新高地的四梁八柱，为贵州立心、培根、铸魂，以一域的文化繁荣发展为建设中华民族现代文明做出贵州贡献。

比如，对于青少年教育来说，可以从阳明心学和阳明文化中汲取丰厚营养，把阳明心学中的思想精髓和丰富智慧提炼出来，更深层次注入青少年心理健康教育，帮助青少年树立健康向上的心态、强化"心之力"，让阳明文化在潜移默化中启迪思想、温润心灵、陶冶人生。

岳江山　执笔

2023 年 11 月 14 日

孔学堂书博会，这场书香盛宴如何更有营养

> 多年来，孔学堂书博会根植于贵州深厚的文化沃土，融合贵州元素、突出贵州表达，打造出在全国范围内具有吸引力和影响力的文化品牌。

八年前，孔学堂·国学图书博览会，也就是如今的孔学堂书博会，向世界递出一张黔味浓郁的文化名片。

那一年，这场以传播国学经典为主题的书博会，汇聚了来自全国各地的236家出版机构、2万多种书目、20万册国学图书，吸引近6万读者，昭示着国学经典传承的美好未来。

八年来，孔学堂书博会以书为媒、与时偕行，深深浸润着贵州这片神秘而富有魅力的土地。刚刚落幕的第四届孔学堂书博会，其参展商规模、展览面积、参展书目数量都超过历届，给读者奉献了一场书香盛宴。以此为照见，我们来探讨一下孔学堂书博会向世人"输出"些什么，又承载着怎样的期待。

一

书博会，在中国古代就有雏形。据 1553 年出版的《建阳县志》记载，建阳（今属福建南平）曾是南方的出版中心，其书坊集中在麻沙镇和崇化乡两地，后因麻沙镇失火，崇化乡生意更加红火，此地书坊老板联合起来，做起书市。

1980 年，首届全国书市在北京举办，自此开启中国现代书博会时代。2015 年，贵州以传播国学经典为主题，创办孔学堂·国学图书博览会，填补了国内专业图书博览会的空白。

孔学堂书博会的创办，承载着贵州高度的历史自觉和文化自觉。经数年沉淀，孔学堂书博会的内涵得以不断丰富，给人更加多元的体验。

它是自然与人文的辉映。孔学堂书博会的举办地贵州贵阳，山川秀丽、景色宜人。王阳明先生曾在《徐都宪同游南庵次韵》中，以江花映日、山阴入户、林影浮空等词汇描绘其山水之美。而孔学堂书博会，就如同融进于此的一座文化长廊，氤氲着浓厚的自然韵味和人文气息。在这里，可通过《贵州文库》《阳明文库》等重大文化出版工程，窥见贵州历史文化思想源头和精神源头。

它是文化与智慧的碰撞。文化的影响力，在于润物无声、潜移默化。孔学堂书博会提供了这样的传承渠道，由此可探寻中华传统文化人文精神的品质内涵。参加"穿越的力量——

阳明心学的当代价值"主题论坛，感悟阳明心学的丰富内涵，感知"知行合一"的精神力量；聆听"屯堡文化的历史价值与传承转化"专题讲座，体悟家国情怀与个体命运相互交织的岁月，理解多彩贵州开放包容的宽阔胸怀。

它是心灵和精神的慰藉。在孔学堂书博会，可见白发苍苍的学者，沉浸书香，追寻着与中华优秀传统文化的互通、互动，共情、共鸣；可见朝气蓬勃的年轻学子，穿梭书海，寻找属于自己内心的光明之路。这里，成了温润心灵、陶冶情操的静心之所。恰如一位游客所说："来到孔学堂书博会，仿佛找到了心灵的归宿和精神的家园。"

二

多年来，孔学堂书博会坚持以书为媒、以会为介，着力将其打造成业界交流的盛会、全民阅读的盛典、文化惠民的盛事。孔学堂书博会发展历程，带给我们许多启示。

其一，多彩贵州的深厚历史底蕴和丰富文化资源，是办好孔学堂书博会的底气所在。俯瞰贵州这片绚丽多姿的土地，红色文化、阳明文化、民族文化、屯堡文化等交相辉映，交织成中华文化百花园中一道亮丽的风景线。谱写中华文化传承发展新篇章，贵州有独特优势。要坚定文化自信，展示好贵州独特的精神标识和文化符号，引领打造更多反映贵州人文精神、揭示贵州文化基因的重点出版工程。

其二，推动孔学堂书博会出新出彩是时代性、现实性命题，根本在于坚持创造性转化和创新性发展。王阳明先生在贵州悟道，创立阳明心学，达到了那个时代的文化新高度，实现了对中华优秀传统文化创造性继承和创新性发展，给当下的我们做到"两个结合"提供了重要精神动力。要坚持守正创新，顺应时代潮流，积极探索孔学堂书博会的新模式、新业态和新空间，推动更多文化经典活起来、旺起来、潮起来。

其三，孔学堂书博会是否能行稳致远，关键在于保持向上向外开拓的发展势头。当前，贵州主动服务和融入国家重大战略，以更高水平的对外开放推动高质量发展，蕴含着贵州拥抱世界的美好愿景。孔学堂书博会作为绽放在云贵高原上的文化盛宴，要跨越山海"走出去"，就要秉持开放包容，跳出贵州求发展，不断提升招展招商、宣传推广、展场布局和展览服务水平，创造出各种可能。

三

孔学堂书博会是贵州重要的文化品牌之一，是繁荣、发展多彩贵州特色文化的重要抓手。在新的历史起点上，如何高质量开展孔学堂书博会是必须要解答的发展命题。

抓好支点。书博会既是展示和共享出版成果的重要平台，也是促进全民阅读的重要载体，需要全民关注、广泛参与。2023年7月，第31届全国图书交易博览会开展750余场主题亲民活动，吸引大批读者参与，掀起了全民观展、购书、阅读的热潮。开展书博会，做好群众工作是关键。启航新征程，要开展更多主题鲜明、形式新颖、内容丰富的活动，让群众乐于参与、易于参与。

培育亮点。多年来，孔学堂书博会根植于贵州深厚的文化沃土，融合贵州元素、突出贵州表达，打造出在全国范围内具有吸引力和影响力的文化品牌。肩负新使命，要继续做好多彩贵州特色文化这篇大文章，把贵州丰富的文化资源转化成价值增量，以独特的文化属性形塑了具有高辨识度的品牌形象。

攻破难点。传承、弘扬中华优秀传统文化，核心是思维，归宿是思维，难点也是思维。信息化数字化发展潮流，重塑了社会对书博会的认知，也赋予了书博会新的时代内涵。面对新挑战，要坚持创新引领，深化融合发展，进一步发挥新媒体、大数据、云平台优势，构建网上观展平台、交易平台、服务平台，打造数字展馆，实现网上、网下双向互动。

孔学堂书博会，像一条流淌着文化与智慧的河流，一头牵着贵州，一头连着世界；一端扎根当下，一端迈向未来。这条河流要一路奔涌、润泽大地，需要我们绵绵用力，久久为功，止于至善。

周黔新　执笔
2023 年 11 月 2 日

现象追踪

　　笔墨为时代留声、为人民画像，这一年里，"村超""村BA"活力四射、流量澎湃，网络总点击量超1000亿次，成为观察中国式现代化的一个窗口。贵阳路边音乐会零门槛、零门票，把舞台搬到路边、让歌声飘进心坎，使贵阳成为一座"爱乐之城"。这些因群众关注、热爱、追捧而产生的社会现象、传播现象，是平凡生活里的调剂，也是市井记事中的"绳结"。

"村BA"热浪未退，"村超"热浪又起，缘何

> 没有资本的打扰和商业化的运作，只有对篮球、足球的热爱与激情，让篮球、足球这些竞技体育变得更加纯粹，也让球迷们享受到了"下里巴人"的美妙，让大家从中感受到了乡村文化的质朴。

如果说网络是一片大海，那么"网红"现象就好比海上卷起的浪潮。继"村BA"之后，近期，贵州的"村超"再次火爆出圈。作为同在贵州大地上举办的民间活动，"村BA""村超"何以产生特别的吸引力？今天，我们一起解码这些"村"现象。

一

"村BA""村超"，不只有篮球赛与足球赛，还有开场仪式的万人合唱，场上为全村人争得荣誉的敢打敢拼，中

场休息的侗歌苗迪，场下人山人海、红旗招展的热烈氛围，短视频里篮球、足球与多元民族文化融合的视觉盛宴……这已然不是我们心中对乡村体育比赛的旧印象，但却给我们带来了一波又一波的惊喜。

2022年7月至8月，在贵州省黔东南州台江县台盘乡台盘村，篮球场上赛况激烈，球员攻防有板有眼，场外观众里三层外三层围得水泄不通。惊得网友们赶紧查阅这是哪，毕竟这架势看起来就像NBA现场。这场当地村民一年一度的篮球赛，经由短视频传播火爆全网，网友们参照"NBA""CBA"的命名规则，称之为"村BA"。这是贵州"村BA"带来的第一波热浪。

2023年3月，篮球赛在贵州台盘村这个只有1188人的小山村再次举办，吸引了10万人到场，全网关注量近5亿人次，赛事持续3天，从白天到黑夜，再从黑夜到白天，座无虚席，盛况空前。这是贵州"村BA"带来的第二波热浪。

6月3日晚，贵州"村超"乡村足球联赛在黔东南州榕江县再次上演精彩对决，本场"村超"比赛吸引了超5万名观众到场观看、近3亿观众在线观看。网友戏称这是"又一世界波，等不了了，必须马上到现场"。这是贵州"村超"带来的第三波热浪。

二

"村BA""村超"的爆火出圈，是偶然吗？或许，这场流量爆发，蓄势已久。

我们先来捋一下"村BA""村超"的前世今生。据台江县志记载，1936年，台江县就拥有了第一块篮球场。NBA成立于1946年6月6日，而"村BA"的前史却可以追溯到1940年前后，由当地人自发组织。榕江县志记载，榕江足球比赛始于20世纪40年代，因广西大学迁入，大学生将足球运动传入该县，经过80余年的发展，足球在这里有了深厚的群众基础，村村都有足球队，全县光标准足球场就有14块，且都免费开放。

那么，"村BA""村超"何以生生不息，绵延至今？

首先，"村BA""村超"是"土"味的。越是接地气的，越往人心里钻。球场上，没有鲜花横幅、电子大屏，场地中间"篮球宝贝们"蹦着苗迪、唱着苗歌侗歌，现场解说员在普通话、贵州话和苗语之间自如切换……看台上，不要门票，水泥台阶座无虚席，还有大小、形态不一的塑料凳、人字梯，只见有人端着火锅吃着酸汤鱼，有人喝着矿泉水瓶装的当地米酒，有苗族妈妈用刺绣布带背着小孩，还有人从家里带来铁锅、铁盆等，篮球入筐、足球入门，顿时一阵"乒乒乓乓"

的锅碗瓢盆撞击声。场外，小吃街热火朝天，里面翻炒着折耳根、糊辣椒。奖品，是国家级非遗苗族银帽、活蹦乱跳的鲟鱼、当地特产的三穗麻鸭、有台江特色的木雕龙舟、"大猪蹄子"。

其次，"村BA""村超"是纯粹的。当地人拒绝商业化，只求办好最纯粹的球赛。没有资本的打扰和商业化的运作，只有对篮球、足球的热爱与激情，让篮球、足球这些竞技体育变得更加纯粹，也让球迷们享受到了"下里巴人"的美妙，让大家从中感受到了乡村文化的质朴。对国人来说，城市化一定程度上疏远了人与人之间的距离，浓厚的情感连接在乡村得以保存，甭管看不看得懂球，先冲上去喊一句"加油"再说。或许围观的大爷大妈们，并不在乎中国篮球、足球的未来与发展。当回归运动本身时，这一切好像也没那么重要。

再次，"村BA""村超"有着广泛的社群氛围。一些观点认为，体育运动的社群氛围更适合在基础设施更好的城市中培养，因为那里有更规范的场地、更多的专业教练。可是，篮球、足球同样在乡村火爆万分。台江县的村民表示，几十年前乡里就已经有人在零散举办比赛，后来打着打着，规模慢慢大了起来，还和当地"六月六"传统节日结合，成了节日赛事。"逢节必比赛，比赛先篮球"。在这里，每年"六月六"吃新节时，篮球赛便火热登场，慢慢演变成"从天亮打到天黑，又从天黑打到天亮"的"天亮文化"。"村超"

从20世纪90年代至今，在榕江一直没有间断过。当地人表示，"在榕江，足球场成为大家每个周末必去的打卡欢乐地，大家自发地把每个周六定为'村超'——超级星期六乡村足球之夜。"你看，线下社群氛围不就是这么慢慢起来的吗？与此同时，当有着广泛群众基础的"村BA""村超"遇到今天"短视频"这样的传播助推器，线上社群氛围更是杠杠的，马上火爆出圈。

三

"村BA""村超"热浪一波又一波，大有从"网红"迈向"长红"之势，这带给我们怎样的启示？

一是人民最质朴的"热爱"值得被关注。在台江，除了我们印象中的青壮年运动员，还有不常见的"嬢嬢打球"。在榕江足球场上，裁判、球员有供应商、老板、司机、返乡打工人、学生。对于篮球、足球这样的体育活动，全民有着自发热爱的天然基因，开心了约场球，不开心也要约场球。体育运动只有在基层有着广泛的群众基础，才能不断涌现专业人才，播散出希望的火种。

二是"村BA""村超"蕴藏着乡村振兴该有的样子。台江县、榕江县，都曾是贵州66个贫困县之一，2020年，贵州省贫困县全部实现脱贫摘帽，标志着贵州撕掉了千百年来的绝对贫困标签。马克思曾讲，物质变精神、精神变物质是辩证法的观点。乡村振兴既要"塑形"，也要"铸魂"，实施乡村振兴战略要物质文明和精神文明一起抓。"村BA""村超"集乡村生活、乡风文明、全民健身、乡村旅游等于一身，既展现了乡村文化发展的活力和独特魅力，也以一种竞技体育的乡村文化形式浸润人心、凝聚人心、感化人心，满足了人民对美好生活的期待与向往，促进了物质文明和精神文明的协调发展，这正是乡村振兴该有的样子。

三是文体融合势不可挡。习近平总书记强调要"把优秀民族文化和现代文明要素结合起来，赋予新的时代内涵"，也曾说"讲弘扬和保护各民族传统文化，不是原封不动，而是要去粗取精、推陈出新，努力实现创造性转化和创新性发展"。贵州"村BA""村超"就是对优秀民族文化和现代文明要素结合的优秀注解，特别是当多元少数民族文化遇上篮球、足球等深受全世界人民喜爱的体育运动时，越是民族的，越是世界的。这样的纯粹、原生态、接地气、以人民需求为导向的文体融合必将势不可挡。

大山深处，一波又一波不被定义的"村BA""村超"热浪，正在征服世界。

王娅 蔡鹏 执笔

2023年6月7日

风从"两江"起

> 时间是最好的黏合剂，现代体育运动与地方传统文化节日深度融合，共同构成了我们今天看到的声浪迭起、场面宏大的"村BA""村超"景象。

2023年中秋、国庆长假，"村BA""村超"是贵州文旅关键词。9月26日，国家体育总局、文化和旅游部联合发布了12条"2023年国庆假期体育旅游精品线路"，贵州黔东南"村BA""村超"体育旅游线路入选。这条体育旅游线路设计了7天的旅游行程，游客可沉浸式体验沿途民风民俗，可以体验"村BA""村超"这种群众体育质朴的激情。

或许没有人能想到，一位摄影爱好者的几张照片，把2022年夏天的一场群众篮球赛推上网络"风口浪尖"，赛场激烈、观众如云、比赛纯粹、奖品质朴等成为这场比赛的标签，贵州黔东南州台江县的"村BA"风行天下。时隔不久，同样在黔东南州，榕江县的"村超"以相似的"画风"风靡网络，激起人们对乡村足球运动的向往。"村BA""村超"热潮不退、好评不断，两个球场成为众多游客打卡点，希望去体会一种"纯粹的热爱"。整体观察，"村BA""村超"掀起的这场舆论潮流中，我们能明显感觉到"三股热风"。

一

"村BA""村超"掀起一股群众性体育运动的劲烈旋风。

在"两江"地区，篮球赛、足球赛并非新事物，当地百姓自发组织的球赛年年都有，甚至可以说已经成为一年一度的"乡村体育盛典"。在网络自媒体的加持下，网友命名的"村BA""村超"声名鹊起、火爆出圈，大家感受到一种群众体育运动的热爱与热烈。

"村BA"除了吸引普通球迷和游客，还吸引来真正的NBA球星。7月21日晚，NBA热火队球星吉米·巴特勒现身"村BA"赛场，给现场观众和网友带来了一阵惊喜。当前，"村BA"的升级版——首届全国和美乡村篮球大赛各大赛区决赛相继结束，10月下旬在台江举办全国总决赛，全国乡村篮球高手对决，必定精彩。

"村BA"的赛场是台江县非常简朴的一个乡镇露天篮球场，两面看台的观众平时可以观看两块球场的比赛，网络上大家看到的"村BA"比赛，是在用钢架从中间隔开来的一块场地上进行的。在这里，两三万人常常在夜色中的聚光灯下激情呐喊，自媒体的直播镜头让"村BA"激情火遍全网。

"村超"赛场条件稍好。地处榕江县城一角，交通便利，是一个融足球场、篮球场和环形跑道等体育设施为一体的县城体育场，看台是毫无修饰的水泥台阶，观众或站或坐，或到足球场四周的跑道上去找个地方近距离看球。

无障碍看球的亲近感，给"村BA""村超"增添了朴实的"村味"，陌生感的消除让球迷和游客更容易融入当地生活和文化氛围。

能够在贵州大山深处的村寨打下长久而广泛的群众基础，与篮球、足球运动的自身特点紧密相关，比如其爱好群体不分中外与职业、不论长少与男女，竞技体育带来的快乐打破了语言和文化障碍，爱好者都能从球场对抗中找到兴奋点，运动本身的可观赏性与集体荣誉感，能够把"粉丝"目光长久地聚在一起。

当篮球被外出归来的村民带进台盘村后，不少人就通过球赛看到了与小山村大为不同的山外世界；同样，当足球随着一群知识分子进入榕江的小镇学校后，当地百姓也发现了与外界交流的一种特殊方式。到目前，"村BA""村超"的网络流量都已经达到300亿次，形势之劲，实属不易。

二

"村 BA""村超"掀起一股大众体育与民族特色文化相融合的文旅东风。

赛场内，有当地少数民族同胞的歌舞表演；赛场外，游客尽享地方美食、饱览民族风情。看球观景两不误、身体心灵皆放松。

在"村超"赛场，"贵州榕江全国美食足球友谊赛"场场爆满，"各地美食＋民间足球友谊赛＋民族文化＋村超风口流量共享"总会让现场观众惊呼，全国各地地域文化和美食文化在这里欢聚，不少游客感叹"不虚此行"。

吃，是游客体验地方风土人情的一种重要方式。在榕江，牛瘪是一道侗家特色美食，这种容易让人"闻之色变"的食物，在当地厨师的手下与牛肉拌炒拌煮，也就香气扑鼻了。随着"村超"的持续火爆，希望见识一下牛瘪味道的游客接踵而至，在县城旁边的忠诚镇不到一公里的牛瘪一条街，将近 40 家牛瘪店生意都不错。

"村 BA""村超"的旅游引流，为"两江"地区乃至整个贵州的文旅提质提供了新的经验思考。"村超"赛场也俨然成为全国民族特色歌舞大舞台，每逢"超级星期六"，全国各地的美食展示、民俗表演轮番上场，热闹非凡，游客眼福、耳福、口福皆饱。"中国乡村旅游 1 号公路"串联起了"村 BA"和"村超"两个发源地，沿途苗乡侗寨的人文风情让人目不暇接。

从两个让人意想不到的"起风点"开始追踪历史，我们发现，在篮球、足球运动进入苗乡侗寨80余年的时间里，三代人的运动热情，已经把本非地域传统文体项目的竞技体育变成了"传统"项目——在每年的固定时间段进行一场声势浩大的"村民大动员"，为传统民族节日比如"六月六"吃新节增添吸引力和参与度。

"村BA"极具旅游引流潜力——自2022年"村BA"出圈以来，台江县累计接待游客200余万人次，带动旅游综合收入超23亿元；"村BA"发源地台盘乡已接待游客80余万人次，直接拉动台盘乡餐饮等行业消费超8000万元，实现旅游综合收入超9500万元。

"村超"的"留量"趋势喜人——2023年1至7月，榕江县吸引游客554.62万人次，同比增长58.48%，实现旅游综合收入59.71亿元，同比增长80.72%，带动引流到周边县市游客292.03万人次，把流量转为"留量"，以赛促旅，共同发展。

时间是最好的黏合剂，现代体育运动与地方传统文化节日深度融合，共同构成了我们今天看到的声浪迭起、场面宏大的"村BA""村超"景象。

三

"村BA""村超"掀起一股全社会正能量参与的文明新风。

不管是村BA还是村超，赛事期间人流量巨大，县乡交通、住宿都面临巨大压力。有村民、市民主动邀请游客、球迷到自家吃住，有美容店老板腾出床铺招待游客，有私家车车主见球员或游客打车，主动上前询问是否需要帮助并免费搭载。

"不收费"似乎成为"两江"群众招待游客的"见面礼"，赛场不收门票，停车场免费停车，让观众和游客倍感温馨。在台盘村，遇到有关篮球赛的事情，群众便自发商议决定，"村BA"火起来后，赛场是否要企业赞助、是否要对观众和游客收门票，村民召开坝坝会讨论，老老少少都表达意见，最后决定"不要赞助、不收门票，只要快乐"。

始于乡土、火于网络的"村BA""村超"，长期保持着舆论热度而且是一如既往的好评热度。观赛的球迷和游客保持着发自内心的热爱与欣赏，网友普遍保持着理性的热情以及对贵州乡村民风的赞许。

在正能量风潮吸引下，"村BA""村超"也保持着很高的线下参与度，网友与台江、榕江百姓之间互帮互助的温情故事令人动容。在"焦虑感""躺平"等社会现象容易积累成"破坏力"的当下，"村BA""村超"中蕴含的积极力量难能可贵。线上线下同步认可，亿万网友共享"纯粹的体育精神"，文明新风可知可感。

从新奇到热爱，再到成为村民的"新传统"和集体议事的重要议题，篮球、足球运动的快乐基因，总能让村子沸腾。

篮球、足球是相对高强度的团体力量竞技比拼，在与邻村之间甚至大山之外进行赛事活动时，容易引起情感共鸣，因此，地方传统文体活动无法在更大范围内传递生活情感时，篮球、足球运动正好补位。

村寨里的人们大都相信，这种团结拼搏的刚劲运动，总能带着大家抵达一个情感充盈的精神家园，有人宁愿暂时放下千里之外的工厂活计，也要回乡与村寨球队队员一起打球赛，这种"精神追球"早已成为他们生活的一部分。

体育是人类共同的语言，它承担了一种文化交流的职能，同时也为外界认识一个地区独特民族情感创造了窗口。风起"两江"，"村BA""村超"把贵州大山深处淳朴、友善、热烈的民族情感真实地表达出来，或能彻底颠覆不少人对贵州山区"飞鸟不通"的惯常印象。

少数民族村寨生活一贯恬然，突然被发现也能激情迸发，"村BA""村超"释放出一种"静谧的热烈"，想必能为不少人打开一条心灵治愈通道。这，大概就是"村BA""村超"掀起的"三股热风"带给大家的质朴价值。

岳振　执笔
2023年9月28日

在"村超"中感受浓郁乡土味和最炫民族风

> 无论赛场大小,群众都是主角。不管是"村BA"还是"村超",都主打一个"村"字,都始终坚持群众的主体地位,做到全民参与、全民热爱和全民狂欢。

继台江"村BA"之后,贵州榕江又因"村超"这一民间体育赛事火爆"出圈",引起社会广泛关注。

走进"村超",火热的欢乐场面让人拍手称快,浓厚的烟火气息让人流连忘返,独特的民族风情让人沉醉其中。

体验"村超",迎面而来的是一种芬芳乡土的吸引力,一种民族文化的感染力,一种村民自治的凝聚力,一种乐观向上的爆发力。

感悟"村超",这是人民群众追求美好生活的行动展示,这是以人民为中心的发展思想的生动体现,这是推进基层治理体系和治理能力现代化的生动实践。

一

"村超"是一个民族风、乡土味和欢乐感十足的展台。

在这里,观众大多穿着别致的民族服饰,自信而大方入场。多人齐跳多耶、千人吹响芦笙、合唱侗族大歌和民族服装走秀等场景,将现场编织成民族文化大舞台。文化的魅力令人陶醉,美食的吸引照样令人向往。在现场,可以看见榕江本地产制的青白菜、茶叶蛋、卷粉、腌鱼和糯米饭等特产,最具特色的还是被誉为火锅界泥石流的牛瘪火锅。让人感叹:体育运动和民族特色相碰撞,势必会刮起一场最炫"民族风"。

在这里,"村超"的每一个环节,都散发出浓郁的乡土味儿。在比赛紧张进行时,解说用一口夹杂榕江口音的普通话,喊出"hāng 棒浪,呼呼"的加油声,"乡味儿"十足,感染力极强。赛场外,有的群众敲打着锣鼓和锅碗瓢盆,手拿芦笙、头戴牛角,或自创姿势庆祝,或自导节目助威。有的群众穿梭在人群中,向球员和球迷发送自制农产品。每场比赛结束后,获胜队伍会得到两个猪腿,还会为最佳观众颁发一袋大米。这些"乡土味",让足球运动散发出最质朴、最真实的魅力。

在这里,随处都能感受群众对足球发自内心的真挚热爱。有的球员得知家乡要举办"村超"比赛,便从千里之外,请假回家参加比赛。在球赛开始之前,有的村子会反复播放比赛信息，提醒大家切莫错过时间。有的村子甚至会包一辆公交车载满啦啦队，上至白发老人，下至三岁孩童，可谓是全村出击。有的省外球迷拉上全家老小，驾车十几小时赶往"村超"现场，只为体验火热的气氛。群众的热情，让"村超"迅速汇聚成人气磁场：六月初的一场比赛，"村超"现场涌入近5万名观众到场观看。在感受现场氛围后，著名足球解说韩乔生说，像如此火爆的、接地气的、热闹的场面还是他第一次看到。

二

"村超"是一次主体性、全员性、互动性的体验。

当热爱遇上体育、乡村散发激情、民族邂逅时尚，必将迸发出强大的吸引力和感染力。

无论赛场大小，群众都是主角。不管是"村BA"还是"村超"，都主打一个"村"字，都始终坚持群众的主体地位，做到全民参与、全民热爱和全民狂欢。

参与比赛的裁判、球员都是当地村民，从事着不同的职业，他们或是摊贩、老板，或是司机、学生。场上欢呼的啦啦队，大多是球员和观众熟悉的亲戚、朋友，他们为自己的家人、朋友加油助威，全程参与、乐此不疲。有一名来自四川的球迷，在球赛精彩进行时拿过话筒，激情解说至凌晨1点。在"村超"，人人都在为足球而奔走，都在享受足球带来的快乐，都在感受足球散发的魅力。"村超"的火爆，还得益于广泛的群众基础：榕江38.5万人口，就有近5万人会踢足球、喜欢踢球，至于爱看球之人更多了。

群众文化活动的最终目的是让群众真正能乐起来、笑起来。"村超"和"村BA"没有专业球场、标准设施和职业裁判，有的只是群众纯粹的热爱和对体育精神的追逐，每一个人都能在此享受运动带来的最本真的快乐。"村BA"和"村超"的组织者都明白，追求纯粹、享受纯粹是保持活力的关键。所以，"村BA"和"村超"都拒绝了商业合作，不接受任何广告投资，竭尽所能保留"村味儿"，成为一股乡村文化的清流。

贵州民族文化底蕴深厚，具有强大的发展动能和个性特色。"村BA"和"村超"找准了群众热爱和地方民族文化的切入点和结合点，从而点燃了当地百姓的激情，在展现文化自信的同时，以民族特色文化赋能，丰富拓展了群众文化活动的内涵和价值。

通过"村BA"和"村超"，苗族芦笙表演、侗族大歌等非物质文化遗产走进更多人的视野；苗族牯藏节仪式表演、多耶舞等民族节目表演向更多人揭开了多彩贵州神秘的面纱；水书、侗族蓝染等民族物品彰显出贵州深厚的民族文化底蕴，实现了传统的、现代的、民族的、潮流的交融。

有网友留言：这个假期一定要去一趟贵州，感受民族特色文化。这也印证一句话——文化具有穿透时空的影响力和感召力。

三

把"村超"打造成乡村振兴的一个文化品牌。

在推进中国式现代化建设的新征程中，文化建设被摆在重要位置，推进乡村文化建设，是推进乡村振兴的题中应有之义。

守住初心，让方向更准。群众文化活动是把人民群众喜不喜欢作为其出发点和落脚点，守好服务群众的初心，群众文化活动才能走进群众、沁润人心。在相隔不远的台江和榕江，当地群众延续着几代人对篮球和足球的热爱，守护着体育赛事纯粹的快乐，坚持给体育爱好者更好的比赛体验和观赛感受，擦亮了"村超"和"村BA"品牌。可以说，"乐民之乐"是做好乡村文化建设的关键。只有坚持发展为了人民、发展依靠人民、发展成果由人民共享，群众文化活动才能走上正确的发展轨道。

放眼长远，让步伐更稳。俗话说，十里高山望平川，光景要往长处看。只有立足长远谋篇布局，统一长远和眼前的关系，才能让每一步都向着既定目标迈进。自2022年6月"村BA"出圈后，台盘村便号召全村集思广益优化赛事流程、完善比赛规制、改善办赛环境，在不断提升赛事科学性和村容村貌的同时，确保物价稳定和住宿安全。正是如此，只有1500人的小山村，在2万多人涌入时，还能有条不紊、组织有序，推动"村BA"持续健康发展。

创新手段，让活力更足。每个地方和民族都有自己特有的文化，其价值既在于对传统文化的坚守，也在于与时俱进地传扬。在"村BA"，一首苗语版《一生所爱》，赋予了苗语更多的时尚元素，让苗族文化趁着流量东风散发出新光芒。在"村超"，当侗族歌舞与现代音乐相结合，天籁之音便震撼全场。有人说，唱出了国泰民安，让人感动流泪。继承、传承与弘扬乡村文化，也要善于插上创新和跨界的翅膀，准确把握和应用互联网规律，把乡村文化融入群众生活中，打造百姓喜闻乐见的群众文化活动，实现乡村文化和群众精神生活双升华，高质量满足人民群众对美好生活的向往。

"村超"的热度还在上升，乡村振兴的步伐正在加快，在乡村文化建设过程中，期待更多"村"字牌群众文化活动出彩出圈，为最美乡村风景线添魅力。

周黔新　执笔
2023年6月25日

探探"村BA""村超"里的大融合

> 当前,各类新媒体新应用新业态不断涌现,其跨时空、大容量、开放性、交互性、移动化等传播特点,迅速成为信息传播的主渠道、主平台。只有推动传统媒体和新兴媒体在内容、渠道、平台、经营、管理等方面持续深度融合,才能不断提升传播质效、壮大主流舆论。

融合,是个高频词。融合创新是鲜明的时代特征。

在持续火爆的"村BA""村超"里,我们也看到了融合带来的活力与魅力。这里的"融合",有事业和产业的融合,特别是农文体旅商的深度融合;也有媒体传播的融合,公众号、小视频、广播电视等各类媒体相互联动、各显神通;又有各族人民的相互交流与融合,赛场之上,苗族、侗族、藏族等各族同胞次第登场、大展风采;还有篮球、足球等文化与当地民族文化的完美结合,令人耳目一新。

让我们来探探"村 BA""村超"里蕴含的融合之理和爆发出的融合之力。

一

"村 BA""村超"出圈的过程,也是农文体旅商深度融合、环环相扣的过程,带给我们启示,大融合里蕴藏着大发展。

"村 BA""村超"的球员可能是农民、公司职员、快递小哥、挖掘机师傅、钢筋工、卷粉店老板等等,如此"散装"的比赛一开始就有着"融合"的基因。"村 BA""村超"出圈后,当地充分运用融合理念,推动体育赛事与乡村旅游齐头并进,以赛促宣、以赛促旅、以赛促销、以赛促文、以赛促健,照亮了乡村文化振兴新征程,打造了文化旅游"核心吸引物",构建了农文体旅商产业链,演绎了"现象级"乡村嘉年华,带来了源源不断的巨大流量。仅 2023 年端午三天假期,"村 BA"举办地台江县就接待游客 16.91 万人次;"村超"举办地榕江县共接待游客 35.89 万人次。"体育+特色消费"快速增长,台江鲤吻香米、鲟鳇鱼、榕江西瓜、青白茶、腌鱼、山货等被游客关注"打 call"、争相购买。这是以"草根"体育赛事为抓手,促进农文体旅商大融合的生动实践。

由此,我们可以说"村 BA""村超"是以体育为载体的文化,以文化为灵魂的旅游,以旅游带动消费,以消费促进农产品销售，展现了当地"体育+"特色产业发展的新成效，也让我们看到了农文体旅商融合发展蕴含的巨大动能、展现的广阔前景。

二

"村BA""村超"出圈的过程，也是各路媒体竞相关注、广泛传播的过程，充分说明，做好媒体融合传播才能汇聚磅礴力量。

2023年夏以来，"村BA""村超"密集受到境内外媒体特别是新华社、央视、人民网等主流媒体的关注报道，新华网、动静贵州等媒体纷纷开通现场直播，再加上众多公众号的广泛传播、视频号的竞相播放、小视频的反复推送、朋友圈的相互转发，以及于嘉、韩乔生、黄健翔等"名嘴"的解说加持，网络大V、大小"网红"以及普通民众纷纷聚焦赛事，使得"村BA""村超"的话题一浪高过一浪，连续登上网络热搜榜。各媒体以短视频、H5、直播、音频节目等多种方式，为观众提供了丰富而新鲜的视听体验，各种相关图片传递的人气细节、视频展示的精彩瞬间、声音表达的兴奋快乐、文字蕴含的理性思考，让透过大小屏幕观看和探讨"村BA""村超"的广大民众相互对话、如临其境，也让"村BA""村超"人气爆棚、持续出圈。这可以说是媒体融合传播推动活动出新出彩的经典案例，经验值得深刻总结。

媒体融合是时代所向、大势所趋。谁能顺应大势引领全媒体时代，谁就把握了战略主动。当前，各类新媒体新应用新业态不断涌现，其跨时空、大容量、开放性、交互性、移动化等传播特点，迅速成为信息传播的主渠道、主平台。只有推动传统媒体和新兴媒体在内容、渠道、平台、经营、管理等方面持续深度融合，才能不断提升传播质效、壮大主流舆论。

三

"村BA""村超"出圈的过程，也是各族人民各美其美、美美与共的过程，这告诉我们，只有在深化交往交流交融中才能更好铸牢中华民族共同体意识。

2022年，黔东南州常住人口373.13万人，其中少数民族占81.99%，苗族人口占43.6%，侗族人口占30.57%，少数民族人口众多、民族节日纷繁众多。"村BA""村超"的连续出圈，不仅搭建起了各乡镇各村寨之间交流的桥梁，也吸引了省内外各民族球迷，刮出了最炫民族风，画出了最美同心圆。

火爆出圈的"村BA"起源于"六月六吃新节"。它不仅是一场乡村篮球对决、一次球迷大聚会，也是一次民族同胞之间的聚会和民族文化融合的盛宴。在"村超"现场,"前国脚"范志毅带领着来自青海省果洛藏族自治州阿尼玛卿足球联队出现在"村超"的球场上,与内蒙古科右前旗蒙古族同胞跨越2000多公里的隔空对话,香港艺人陈百祥、李子雄一行前往榕江县体验"村超",广东、广西、重庆等省市纷纷"组团"前往观赛,……苗族飞歌、侗族大歌、激情舞蹈、非遗服饰、特色美食等充满浓郁少数民族文化的各种元素,在"村BA""村超"现场轮番展现,给广大观众带来了美好观感和体验的同时,也大大拉近了民族同胞之间的距离。

作为乡村赛事,"村BA""村超"吸引了来自不同民族、不同地区的球员和观众参与其中。这种多元文化的融合和交流,处处展现着新时代人民群众的精神向往,体现了中华民族大家庭的团结和谐,也促进了民族之间的相互交流和融合。

四

"村BA""村超"出圈的过程,也是外来文化与本土文化不断融合的过程。古为今用、洋为中用有效激发了全民族的文化创造活力。

起源于美国马萨诸塞州的篮球运动、起源于英国的现代足球运动,如今在黔东南州形成了自己独特的篮球文化、足球文化。某种意义上说,也是外来文化与民族文化相互成就的典型案例，彰显着中华文明兼收并蓄的开放胸怀，促进了外来文化本土化。

据《榕江县志》记载，足球是在抗日战争时期广西大学迁入榕江时传入当地的，此后"足球热"逐渐扩散到榕江各地并持续至今。而台江县台盘村在1950年便修建了篮球场，1968年后每年六月六"吃新节"都举办篮球赛。2023年6月1日，欧洲金球奖得主英格兰传奇球星迈克尔·欧文录制视频为"村超"点赞；7月21日，NBA迈阿密热火队球员吉米·巴特勒现身"村BA"球场，并戴上了少数民族精致的银项圈，用本地苗语向现场观众问好；加上一些境外媒体的持续关注，让"村BA""村超"火出了国门。

"村BA""村超"这样的体育赛事，找到了走向世界的通用语言，把全世界风行的体育运动与全世界独有的民族文化相互结合，在打破国界、跨越文化中迸发出强大活力，充分说明"世界的"可以走进乡村、"民族的"也可以走向世界。只要守正创新，我们就能传承发展中华优秀传统文化、促进外来文化本土化，赓续历史文脉、谱写当代华章。

刘婧怡　执笔

2023年8月21日

贵阳，何以成为不一样的"爱乐之城"

> 每一段青春都有一首歌，每一个人都有一首勾起你回忆、催动你泪腺的青春之歌。风华正茂的年轻人让贵阳这座城市流淌着青春的律动，为这座"爱乐之城"提供了茁壮成长的土壤。

说到"爱乐之城"，你可能首先会想到古典音乐艺术气氛浓郁的"音乐之都"——维也纳；也可能会想到举办过众多国际赛事的"音乐之城"——博洛尼亚；还可能会想到嘻哈文化、百老汇的诞生地——纽约。但有一种音乐会，在夜晚，没有华丽的灯光，只要歌声响起，过往的人们便会不约而同聚拢在一起，跟着哼唱，跟着起舞，共享一场愉快而浪漫的路边音乐会，这就是贵阳路边音乐会。随着它的火爆出圈，贵阳被许多网友评价为新晋"爱乐之城"。音乐会从"殿堂"到"路边"，这座看似"离经叛道"的"爱乐之城"，她到底有什么不一样？

一

2023年中秋国庆双节期间，贵阳路边音乐会·文昌阁国庆专场连唱3天，累计7000人次现场观看、近2200万人次通过网络直播观看。截至目前，贵阳路边音乐会·文昌阁已成功举办13场，现场总观看人数近3万人次。网友们直呼：好嗨哟！

贵阳路边音乐会的特别之处在于，在马路边零票价、零距离就能听音乐会，真正诠释了"音乐=快乐"。

有人将贵阳路边音乐会总结为4个"0"、1个"100"。"0"门票，当地政府致力打造无门槛、全民共享的城市"音乐+"街头文化聚集地；"0"舞台，音乐会没有搭建专门舞台，围看的人多了，便成了天然的舞台；"0"演出费，演出乐队一开始由音乐业余爱好者组成，有工程师、记者、大学生等各行各业的人，后来吸引了一些知名歌手和歌唱家也免费加入；"0"商业参与，路边音乐会自开展以来，无任何商业形式的参与，当地政府提供场地和保障等服务，音乐爱好者们倾情演出；"100"分的快乐和体验，没有门票、舞台、座位的束缚，每个人都自由地融入这场自发形成的音乐盛宴，大家可以随心所欲地唱跳，尽情释放内心的热情。7月21日，热搜的视频里，一位白发苍苍的老太太，全神贯注地跟着演唱感动了众多网友。网友纷纷表示"奶奶玩摇滚时你还在打滚"。

贵阳路边音乐会，有力证明了音乐和快乐不分年龄、没有国界。

二

著名钢琴家、文艺批评家查尔斯·罗森在《音乐与情感》一书中阐释了"音乐何以动人心弦"的逻辑，无论是快乐、悲伤、爱恨、愤怒等情感，都可以在音乐中找到共鸣和宣泄。那这样的路边音乐会，为何会成长于贵阳？因何会引起市民的情感共鸣？

贵阳，简称"筑"。"筑"原本是一种古老的弦乐器，《汉书·高帝纪》中记载了筑的使用方法："状似琴而大，头安弦，以竹击之，故名筑"。筑的声音是怎样的呢？据《史记·刺客列传》记载："高渐离击筑，荆轲和而歌，为变徵之声，士皆垂泪涕泣"，大体可知筑的声音是悲亢的，在战火纷飞的战国时期，常用来抒发人们的家国情怀。

1937年4月，筑光音乐会（原名筑光音乐研究会）成立。抗日战争全面爆发后不久，贵阳地下党组织动员部分地下党员和进步青年加入筑光音乐会，运用音乐这个富有感染力的武器，在贵阳广泛进行抗日救亡宣传。1937年"九一八"6

周年纪念，筑光音乐会不仅参加了各界的游行示威，还赶排了《九一八小调》《义勇军进行曲》《牺牲已到最后关头》《救亡进行曲》《亡国奴当不得》等5首宣传抗日救亡的歌曲在街头演唱。特别是其中的《亡国奴当不得》这支歌，以通俗的语言、民歌的形式加上喊话的方法来演唱，每当唱完"东北、华北已沦亡！同胞们，快抵抗，亡国奴当不得！"一段后，演唱者便用贵阳方言喊道"亡国奴当不得呀！"听众也禁不住振臂跟着高呼，一片同仇敌忾的气氛，感人至深。

今天的贵阳路边音乐会，依然饱含家国情怀。在国庆氛围的引领下，贵阳文昌阁路边音乐会"国庆三天乐"，掀起线下和线上以音乐表白祖国母亲、献礼祖国华诞的盛大浪潮。

可见，贵阳与音乐自古以来有着不解之缘，连接这一深沉缘分的，就是烙印在骨子里的家国情怀，这是路边音乐会之所以引起群众共鸣的重要原因之一。

三

无音乐，不青春。每一段青春都有一首歌，每一个人都有一首勾起你回忆、催动你泪腺的青春之歌。风华正茂的年轻人让贵阳这座城市流淌着青春的律动，为这座"爱乐之城"提供了茁壮成长的土壤。

2023年五四青年节，主题灯光秀在贵阳金融城上演。

夜色熹微，高楼组成的幕墙流光溢彩，"'爽爽贵阳'与有为青年双向奔赴、共同成长""贵阳对青年更友好，青年在贵阳更有为"等字幕循环播放，与万家灯火交相辉映，照亮贵阳的城市夜空。青年因城市而聚，城市因青年而兴。2022年，贵阳市青年人口增长11万人，青年在总人口中的占比为37.49%，成功入选全国首批青年发展型城市建设试点。

有关数据显示，今年暑期，贵阳吸引了大量年轻游客，其中00后和90后占比高达70.8%，充满活力的年轻人总是更乐于探索新奇、刺激的新鲜玩法，去黔灵山公园看熊猫猴子、在贵阳城内来一场Coffeewalk、去南江大峡谷体验一次峡谷漂流，到羊皮洞、石龙洞感受探洞＋桨板＋瀑布旅拍的组合玩法，新奇、刺激、社交感十足的城市玩法与山地玩法，极具张力地表达着贵阳的年轻化和时尚感，对本地青年和来贵阳度假的外地年轻人都极具吸引力。

这个十一国庆假期，路边音乐会更是让年轻人流连忘返。"我们要热烈的青春，我们要挥洒汗水，我们要开口成歌，席地而坐就是我们的舞台。"到现场观看音乐会后，一位青年乐迷如是说。按照文昌阁路边音乐会的创意和思路，他也想在大学城开展"思雅路边音乐会"，打造属于大学城每个人的音乐会，给大学生提供一个音乐文化交流平台。看，贵阳这座"爱乐之城"有着来自基层的内生动力，正在茁壮成长。

青春如歌，青春当歌。今日之贵州，正值青春之贵州，充分尊重人民群众的主体地位和首创精神,"村超""村BA""路边音乐会"等独特的、现象级的、群体性的文体活动不断涌现,承载着人们对美好生活的向往,从"小我"向"大我"、从"小众"向"大众"、从"独乐乐"向"众乐乐",一直在生长……

王娅　执笔

2023 年 10 月 13 日

年味是什么味

> 每到春节,在外漂泊的游子们思乡心更切、归心犹似箭,不管路远路近、有钱无钱,都要一股脑地回家过年,因为家是一颗巨大的情感"磁石",是每个人内心的情感依归。

阳历新年的钟声犹在耳畔,农历兔年的脚步已悄然来临。过完今天,就是农历虎年"岁除"之日了,再经过"除夕",我们将正式迎来新岁兔年。高高挂起的大红灯笼,不时传来的爆竹声声,热闹喧嚣的集市,琳琅满目的年货,无不提醒着我们,明天就要过年了!

过年即过春节,是中国人一年之中最重要最盛大的传统节日。临近过年,神州大地处处洋溢着节日的喜庆气氛。此时的你,可能正冒着风雪赶路回家,可能正在与家人围炉夜话谈笑风生,也可能正在坚守岗位值班值守……这个时候,无论你身处何方,无论你忙于何事,作为华夏儿女的我们,一定都在念叨着、准备着过年的事，可能都在品味着、回味着过年的味。

那缠绕你心房的年味，到底是个什么味儿？

年味是与时代同行的乡愁之味

改革开放以来，随着人员流动限制政策的放宽，越来越多的人选择离乡外出务工、就业、求学。每到春节，在外漂泊的游子们思乡心更切、归心犹似箭，不管路远路近、有钱无钱，都要一股脑地回家过年，因为家是一颗巨大的情感"磁石"，是每个人内心的情感依归。"春运"一词因此诞生、"春运"一事由此展开。

声势浩大的"春运"从一开始就牵动着时代的脉搏，追赶着发展的速度。曾记否？20 世纪八九十年代直至 21 世纪初，乘坐绿皮火车是打工人长途出行当然也是返乡的最主要交通方式。后来，"春运"方式逐渐发生变化，除了普通的铁路和长途大巴，浩浩荡荡的"摩托大军"也加入其中。这种旅途的艰辛难以言表。不过对于常年在外的打工人来说，在年关与亲人相聚的喜悦总能抵消一路的千辛万苦。

令人欣慰和振奋的是，到了今天，不断延伸的高铁轨道、高速公路、飞机航线、县乡道路、通村公路，让"春运"能够满载着人们对故乡和亲人的牵挂，一路飞速前进。现在，当你系上小汽车的安全带、当你通过高铁站的检票口、当你将机票递给地服，不管你搭乘何种交通工具，此刻，幸福的相见天涯咫尺。在一次次"春运"的循环往复中，我们的旅途也因为交通升级而变得更加快速、顺畅，回家的脚步多了一份从容、体面。

"春运"如同一面镜子，反映出时代巨变的旧貌新颜。"春运"也是一座跨越千沟万壑的桥梁，把无穷的远方和无数的人们联系在一起，让相隔万水千山的家人团聚在一起。在听到久违的乡音、见到牵挂的亲人、回到熟悉的田野那一刻，终于找到了乡愁、找到了年味、找到了辛苦的价值。

年味是牵动舌尖的美食之味

古老的中华民族一直将"吃"放在极高的位置，这是农耕文明刻在骨子里的对自然馈赠的感恩、对劳作而获的推崇、对生存基础需求的关怀，这既有"粒粒皆辛苦"的节俭，也有"民以食为天"的务实。

有人说，我们的传统节日基本上都与吃有关系。清明节吃清明粑、端午节吃粽子、中秋节吃月饼、重阳节吃糍粑、元宵节吃汤圆等等。过年那更是美食最为丰盛的节日了。如果要问中国人一年中最重要的一顿饭是哪顿，年夜饭一定榜上有名。因为在过年这件大事上，中国人的吃食决不会随便，一定是将最好的美食留在这时。而美味总是令人印象深刻的，年复一年的味蕾刺激形成根深蒂固的"条件反射",让家乡美食逐渐符号化,成为激发年味的引子,以及承载年味记忆的载体,牵动着游子思乡的心绪。

舌尖百味,美食故乡。那些在年关,被家园故里亲人们精心烹饪的食物,进入唇齿,占据心田,构筑起舌尖上难以忘怀的故乡和年味。贵阳的辣子鸡、湘西的腊肉、金华的火腿、东北的"四大件"、陕西的"八大碗"等等,不同的是菜式,相同的是游子舌尖上的故乡情怀。吃的是菜品,长的是来年接续奋斗的满怀壮志。

身未动而心已远,美食之于中国人,它始于味道,而终于灵魂深处的涤荡和牵引。今天,我们已经生活在全面小康的幸福环境里,物质产品极大丰富、美食佳肴不胜枚举,感觉"天天像过年",但老家的味道、妈妈的味道依旧是人们藏在心底的最爱。相信有很多的中华赤子,正在以自己的方式,在过年这个特殊的时点,对故乡的美食不断怀想、不断回望;而更多的人已经走在家乡的大街小巷,忙着办年货、备美食,丰富别致的特色传统美食里寄托着人们对美好生活的期望。

年味是憧憬未来的甜蜜之味

一年的经历影响着下一年的生活。刚刚过去的一年,疫情继续打扰了我们的生活节奏,过去如呼吸那般自然的广场舞,已经在中老年人的生活圈里缺位许久，过去被上班族吐槽抱怨的上下班塞车在后疫情时代也变得不那么难以接受，过去带给学生压力的课堂学习如今看来也比视频教学多了一份可贵……

每个人都不容易。即将结束的农历虎年，或许你我皆非"梅西"，在工作中遭遇过不顺，在疫情中当过"杨过"，在奋斗的道路上经历了挫折。不过，艰难困苦、玉汝于成。新春孕育新的期待、新的希望，平凡的你我，在崭新的日历下又有了值得等待、值得追求的新目标、新方向。这目标也许是翻越《中国奇谭》里的"浪浪山"，也许是其他——你我心中那永不停歇的渴望追逐。不管是什么，这都将成为你我开启兔年大门的钥匙。

满怀憧憬的日子总是充满着甜蜜。每当辞旧迎新之际，人们总会"把酒话桑麻"，盘点过往、展望来年，相互祝福、相互鼓励，倍增信心、希冀平安顺遂。一年之计在于春。让我们行动起来吧，用汗水浇灌未来，用拼搏耕耘成功，用付出收获幸福，让温暖的阳光照亮每个人的梦想，让浓浓的年味给予我们勇敢前行的力量。

祝愿大家新春快乐、兔年吉祥，祝愿祖国繁荣昌盛、国泰民安！

陈龙　执笔

2023 年 1 月 20 日

一张明信片，何以穿越时空

> 没有人能抵得过岁月流逝，但所有人都拥有青春年华，那段充满勃勃生机、充满无限可能的时光永远值得珍藏。

近段时间，一张 14 年前衡阳师范学院 503 寝室学姐留在宿舍的明信片走红网络，被新华社、央视等媒体先后报道，引发广大网友关注，央视新闻、中国青年报等公众号的推送阅读量冲破 10 万 +。是一张什么样的明信片能够走过 14 个春秋还贴在宿舍的柜壁上保存完好？它又拥有什么样的魔力穿越 14 年仍能引起共情、收获感动呢？

这张明信片是一名衡阳师范学院 2005 级中文系学姐于 2009 年毕业之际写下的"致 503 室的后辈们的一封信"，纸张微微泛黄，字迹工整清秀，用语亲切温和。见字如面，好像透过字里行间就能够看到 2009 年 6 月 12 日那天，一个即将步入社会，与母校、同学依依惜别的女生，正以饱满的感情伏案书写，她想要为后来人留下点什么，也为自己的青春留下点什么。

事实证明，她做到了，这张明信片静静地在学生宿舍书柜的内侧贴着，陪伴、激励了好几任"室友"仍然完好。如果不是现任"室友"在网络社交平台分享这张明信片和自己的心情而走红网络，或许它还会继续这样安静地温暖一任任"室友"吧。

穿越时空，这张明信片的生命力
源于对生活、梦想的热爱和心动

明信片上写道，"503，在这个寝室，住着4位为理想而努力奋斗的女孩子。像所有有梦想的女孩一样，她们憧憬未来，喜爱浪漫。"学姐对生活的热爱、为梦想而奋斗的生气跳动在文字间、跃然在纸张上。正是这样积极向上、元气满满的人生态度，赋予了这张明信片源源不断的生命力——积极的态度，可以改变人生，正面的情绪，可以战胜障碍。

罗曼·罗兰讲：生活中只有一种英雄主义，那就是在认清了生活的真相以后依旧热爱生活。毕竟，不如意事常八九，可与语人无二三。试想，当我们因为失意而想要躺平时，如果有人在旁打气，是不是就能更快走出阴影？当我们因为困苦而失去斗志时，如果有人在旁鼓劲，是不是就能更快抖擞精神？这张明信片就像一位老友，你只需安坐桌前，抬头便能看到那些直抵心底的温暖文字，给人以安慰和力量。

真情流露，这张明信片的感染力
源于对异时空室友的真挚和赤诚

学姐在明信片上不只介绍了她的503，还对未来的503"室友"发自肺腑地提出了收获快乐的建议："因为大家的宽容与友爱，才让这份友情走过3年而依然能够灿烂如初地绽放笑容。只是想告诉以后住在503寝室的后辈们，多一些宽容，多一分理解，就会有快乐的结果。"并寄语说："祝福有梦想的你们前程似锦，将这份和谐之情传递下去。"

最是真情感人心，虽然素未谋面，甚至不确定明信片能否度过暑期毕业生寝室的"大清扫"，真的会被后来人看见，学姐还是写了这些知心话。我们讲"精诚所至，金石为开"，学姐这番亲人般真心诚意的嘱托，承载着"无关血缘"的优良"家风"，像是一个大姐姐临别时对妹妹们的无私关爱与无限期盼，现在读来仍然感染力十足，给予了后来的异时空"室友"极大的情感能量。

引燃网络，这张明信片的影响力
源于对浪漫青春的追忆和向往

"青年者，人生之王，人生之春，人生之华也。"没有人能抵得过岁月流逝，但所有人都拥有青春年华，那段充满勃勃生机、充满无限可能的时光永远值得珍藏。503 的后辈们，在网络上分享明信片的时候，可能从来没有想过，这会成为一个网络传播事件，从个体阐发感想走向集体追忆青春，特别是后面找到了学姐，学校还组织了视频连线，把整个事件推向了高潮。

引燃网络的是这张明信片，更是这张明信片所承载着的已经定格的浪漫青春。我们有时候会有这样一种感觉，一首歌、一道菜、一种气息会成为某一时间段的记忆载体，今后再遇，它会一秒入魂地勾起那段回忆，会产生一种穿越感。当我们透过明信片感慨于他人青春之时，其实是已经由彼及己，把自己代入了那时、那地、那人、那景，进而产生了强烈的共情，那一圈圈如涟漪般荡开的共鸣不正是对自己青春的追忆吗？

作为网络事件，学姐留下的"致 503 室的后辈们的一封信"终将退去热度。但它所蕴含的人文精神不会消减、所附着的人性温度不会散失，如同该校张云峰老师所说的，这张明信片及其所代表的那种精神是"以文化人、以文成人、以文惠人"的集合，书写者既是"文人墨客"，赠人以言；又是"文人志士"，富有理想；还是"文人雅士"，心怀浪漫。

言止于此，503 的故事还会继续，明信片也将继续随时光之河流向远方！

汪帆　执笔
2023 年 3 月 30 日

艺海留声

"为谁创作给谁看"是发展文艺事业需要回答好的重要问题,一部好的文艺作品,不拘于一格、不形于一态、不定于一尊,既有"阳春白雪"的艺术纯度,也有"下里巴人"的群众接受度,这样才能"叫好又叫座"。探讨文艺精品的创作经验与传播启示,就是要将文艺这个时代前进的号角吹得更响,为更多展现时代风貌、引领时代风气的精品佳作发声与鼓呼。

丁宝桢的为官之道，给我们哪些启示

> 从丁宝桢身上，我们体会到，勤政爱民、亲民安民不是句空洞无物的口号，而是要知行合一、身体力行，心中始终装着老百姓，始终为群众的获得感、幸福感、安全感而奋斗，将"实心谋之"落到实处。

2023年10月26日，大型历史电视连续剧《丁宝桢》在央视八套黄金时段首播。作为国家广电总局电视剧引导扶持专项资金八部重点剧本扶持项目中唯一的一部历史题材剧目，该剧以0.7219%的实时收视率位居全国黄金档第一位，一代名臣丁宝桢迅速引发社会各界的热烈讨论。

众多观众透过这部剧，不仅第一次知道宫保鸡丁原来是他的"菜"，更发现兴水利、整吏治、办洋务、恤民困的丁宝桢，在那个腐朽不堪、乱象迭起的晚清官场，犹如"黑暗中的一束光"。

作为晚清名臣的丁宝桢，在辞世130多年后，缘何还能散发出如此强烈的人格魅力？观剧鉴史，丁宝桢的为官之道有哪些值得借鉴的当代价值？让我们一起来看看。

一

为官一任，实干为要。官员的口碑是干出来的，丁宝桢"干"得如何呢？剧中，面对英国商人约瑟夫的张扬跋扈、恶意挑衅，面对大清水师的软弱涣散、斗志全无，丁宝桢没有选择逃避退让、息事宁人，而是沉着应对、斗智斗勇，敢啃硬骨头、敢于担风险，不仅成功让洋人铁舰退却、图谋破产，而且迅速拉开了整顿水师、谋划开办机器局的帷幕。"莫忘愚公，尚能移山"。在积贫积弱的时代，剧中丁宝桢一句"再难的事也要有人去做"掷地有声，让我们看到了一名官员的胆识与魄力、实干与担当。

在真实的历史中，丁宝桢两次治水的功绩让人难忘。同治十年（1871年），黄河在山东郓城决口，"田庐漂没，资粮无存"，但清廷上下关于治水之议莫衷一是。时任山东巡抚的丁宝桢本已因病请假，来势汹汹的汛情让他忧心忡忡，他不顾天寒地冻，在正月初二就销假赶往郓城，亲赴工地指挥抢险，直至二月二十四日"工竣合龙"。这样的险情，丁宝桢在两年之后的同治十二年（1873年）又经历了一次。当年黄河再度遭遇大决口，同样是丁宝桢挺身而出，军民同心，历时半年筑就高十四尺、宽三十尺、厚百尺的障东堤，有效地保障了黄河该段的百年安澜。

早先并不擅长治水的丁宝桢，硬是凭着干一行、钻一行的精神，在实践中逐步成长为晚清公认的治水能吏。在丁宝桢的为官生涯中，他诛杀奸佞、创办书院、修复都江堰、改革盐政、整饬吏治、兴办洋务，在仕途的多个阶段都取得了青史留名的实绩，朝廷嘉奖其"勇于任事，督率有力""艰巨独任，功成迅速"。

从丁宝桢身上我们看到，实干担当，不仅需要勇气，更需要能力。今天的党员干部，应当聚焦于"努力成为本职工作的行家里手"的目标，在提升自身专业化能力上下功夫，既要锤炼担当的宽肩膀，也要磨砺负重的铁肩膀，既要做到政治过硬，也要追求本领高强，以敢担当、善担当、能担当的勇气、素质和能力，成为"勇于任事"的实干派。

二

"衙斋卧听萧萧竹，疑是民间疾苦声。"丁宝桢的一生，历经道、咸、同、光四朝，这正是清朝内忧外患纷至沓来的多事之秋。对于民生疾苦，他可以说是了如指掌。剧中，丁宝桢说："以爱民养民为第一要事。"历史上，这句话出自丁宝桢写给长子丁体常的一封家书。在这封家书中，丁宝桢还说："凡有害于民者，必尽力除之；有利于民者，必实心谋之。"可以说，正是因为对民生疾苦感同身受，才奠定了丁宝桢坚守了一辈子的"爱民养民"民生观。

"凡有害于民者，必尽力除之"。丁宝桢是怎么做的呢？剧中，我们看到，除恶务尽，丁宝桢眼里揉不得沙子。哪怕是面对号称"奉旨钦差，采办龙袍"，却一路借机收受贿赂、强抢民女的太监安德海，明知对方恃宠而骄、背后有慈禧太后撑腰，丁宝桢也能做到刚正不阿、寸步不退，只因"东省百姓受不得欺辱"。丁宝桢的选择，与诸多同僚的表现形成了鲜明对比，成了晚清官场上稀缺的"异类"。

但是，面对老百姓，丁宝桢的心，却变得那么"柔软"。他多次强调"培养民气即是培养国脉""作德于民""不使一事不可对民，一念不可对民""遇有人难，如己之难；遇有人急，如己之急"。这些话，丁宝桢可不是说说而已，他的一生，也可以说是为民"实心谋之"的一生。

同治十年（1871年）黄河决口时，丁宝桢与时任河道总督乔松年在治水上产生分歧。乔松年认为汛期将至，此时动工"殊无把握"，想延迟工期。丁宝桢坚定地认为，水患一日不除，百姓一日难安。他顶着压力，不顾残病之躯，与役夫同甘共苦，每天从黎明到二更天，他都风雨无阻地坚守在工地上。当地百姓备受鼓舞，争先恐后抢救缺口，短短一个多月，决口处就成功合龙。在四川总督任上，丁宝桢将盐政从"官督商销"改为"官运商销"，减少了流通环节，打击了官商勾结，让老百姓都能吃上盐，当地百姓无不感念，将川盐入黔通道称为"宝桢盐道"。

从政33年，丁宝桢以国计民生为己任，"其知有国而不知有身"。何谓"国之宝桢"？从丁宝桢身上，我们体会到，勤政爱民、亲民安民不是句空洞无物的口号，而是要知行合一、身体力行，心中始终装着老百姓，始终为群众的获得感、幸福感、安全感而奋斗，将"实心谋之"落到实处。

三

"国家之败，由官邪也。官之失德，宠赂章也。"贪腐误国，在历朝历代都是让人头疼的大问题。电视剧《丁宝桢》的第一幕，展现的就是丁宝桢惩贪治腐的铁腕行动。剧中，我们看到，山东一年的财税收入才300万两白银，而丁宝桢举荐的历城县令刘玉柏，查抄的赃银就多达30万两。面对"巨贪"刘玉柏，丁宝桢没有因为他是老部下就护短，而是刀刃向内、当机立断，在整饬吏治上雷霆出击，坚定地走在了反腐的大道上。

丁宝桢不仅治吏从严，而且治家从严、律己从严。长子丁体常在任广东布政使期间，丁宝桢曾告诫儿子："不可妄取民间一钱""不可一毫苟且""不乱贪一钱"，把自己身体力行做好官、行好事的底线准则交代给了儿子。

具体到自身，丁宝桢又是怎么践行这些准则的呢？抢修黄河贾庄口工程，原计划用银98万两，作为精打细算的治河能手，丁宝桢亲自督率、厉行节俭，仅用了54万两就竣工了，节资几近一半。经此一事，他才知道，历来河工虚报贪污的恶习到底有多严重，深恶之恨之。丁宝桢从自己的为官生涯中感受到"必欲得实，惟有官勤于下乡稽查一法。"他还总结出了"下乡务须少带人""遇有绅耆，则问以利弊；遇农夫，则告以力作""认真经理，使实惠及民"等工作经验，这可以说是丁宝桢在自己的时代体悟到的"一线工作法"。

1875年，丁宝桢督监修筑黄河障东堤结束后，拉出了"菏泽贾庄大工合龙收支各款清单"，尾数精确到"六钱九分八厘"，余款精确到"四十五两三钱二厘"，把治理水害、兴修水利的每笔工程账目都算得明明白白。在四川推行"官运商销"后，四川盐政收入从亏损白银50万两变为每年盈余150万两，丁宝桢分毫不贪。什么叫清清白白做官？这就叫清清白白做官——既清且白。

面对丁宝桢的"清官范"，我们能学到什么？重要的一点，就是要跟着丁宝桢学会"算账""对账""销账"，做到"头脑清醒"。真正像丁宝桢一样，用自己的一生向国家、向人民、向历史交出一笔客观真实的明白账。

四

作为刚直不阿的清代廉吏，丁宝桢16年间写了12封家书给儿子,将自己为官理政、报国亲民、修身养廉之道传于后人。今天我们从这些传世家书中,更很容易感受到什么是清风亮节,体会到时人为何盛赞丁宝桢"清绝一世"。

谈做官:"持心须公正,操守须廉洁,作事要勤速,问案更细心""作官讲操守,必须穷而益坚""不怠惰,不推诿,不轻忽,不暴躁"。

谈爱民:"事事悉存忠厚之心,不敢侮人,不敢慢人。遇有善事,量力乐做"。

谈清廉:"作官讲操守,必须穷而益坚,分毫不为外物所摇夺""自要自己事事清白,处处公正"。

谈修养:"不生一毫满假心,不生一毫夸大心,不生一毫嫉妒心,不生一毫怨尤心"。

谈节俭:"养俭约之心,损无益之费""肥浓易于致病,不如清淡之养人"。

最触动人心的,恰恰就是这"清淡之养人"。

剧中,历城县令刘玉柏自述其俸禄为40两、养廉银800两,这已经是高收入了,丁宝桢的俸银当然更多,却多数被丁宝桢自己"以私充公"或济困助教了,导致丁家晚年竟要靠举债度日。丁宝桢的侄女婿陈夔龙当过其幕僚,陈夔龙在《梦蕉亭杂记》中记录了丁宝桢任四川总督期间的窘迫:

"公日在窘乡,曾备衣箧一,用印文封固。每值缺乏,命材官赍入质库,质银二百金济急。俟廉银收到,即行取赎。曾见厨役向公索账,出言不逊。公忿甚,欲驱遣之,而又无钱清还旧欠。"

堂堂朝廷重臣、封疆大吏,竟要靠典当度日,甚至因欠薪被厨子恶语相向,这在今人看来不可思议,却实实在在发生在了当年的四川总督丁宝桢身上。《清史稿·丁宝桢传》写道:"丧归,僚属集赙,始克成行云。"丁宝桢辞世之时,家中只剩满柜书籍、一些笔砚和旧衣烂裳,连买棺木的钱都没有,最后是靠藩台拨银、僚属和绅民含泪集资,始得成丧。棺木出城时,上万百姓泪如雨下,扶老携幼送行,声动全城。

何谓"清淡养人"?何为"两袖清风"?丁宝桢以上下求索的一生作出了回答。丁氏家族后人丁体常、丁道衡等将其家规、家教、家风代代相传、发扬光大,其精神对今时今日的我们,依然有重要的借鉴意义。丁宝桢在自己的时代,对"为官之道"作出了自己的理解、进行了自己的实践。他是在四川总督任上离世的,真正做到了鞠躬尽瘁。作为近代贵州知识分子群体崛起的代表人物之一,丁宝桢实至名归。

以铜为镜,可以正衣冠;以人为镜,可以明得失。斯人已逝,但是,当我们在剧中看到丁宝桢亲手炒菜的那一刻,那些久远的历史记忆再次纷至沓来。这一刻,我们才发现,原来宫保鸡丁不是丁宝桢一个人的"菜",它一直都是老百姓的"菜"。是老百姓选择用这样的方式,来怀念这位廉吏,世世代代,每个人都能从中品出诸多的人生况味。

值得注意的是,片尾曲提出了一个堪称"灵魂之问"的问题:"你算哪道菜?"

今天的党员干部,该做些什么,该怎么做,才能成为一道让老百姓念念不忘的"菜"?这是每名党员干部都会面对的问题,是一生的功课,也是需要全力以赴才能完成的回答。

袁从亮　执笔

2023 年 10 月 28 日

《县委大院》热播，你看到了什么

> 以"功成不必在我"的精神境界和"功成必定有我"的历史担当，保持历史耐心，发扬钉钉子精神，为新时代推动县域经济发展和社会治理作出了生动的艺术回答。

近期，在央视一套首播的电视剧《县委大院》，在全网引发收视热潮。

这部电视剧选择了贴近现实的题材进行创作，用基层干群故事"以小见大"，带领广大观众走近了这些看似遥远、实则与自己的生产生活息息相关的基层话题。同时，对基层工作者和县乡群众进行群像勾勒，集中展现了基层工作者在处理群众关心的现实难题与矛盾冲突中，所坚持的"情为民所系，权为民所用，利为民所谋"的朴素情怀，传达了新时代老百姓对于美好生活的向往和追求。

作为展现新时代中国基层治理生动缩影的一个切口，《县委大院》以其"温暖的现实主义"，将干部塑造得很接地气，切实回应了时代需求，又能与社会同频共振，在党员干部、基层群众、职场新人等多个群体中都引起强烈共鸣，让人深受启发。

"一把手"工作难破局、政绩观出偏差了，可以看看《县委大院》

《县委大院》中的主要代表人物梅晓歌、艾鲜枝等，从不回避问题，兢兢业业解燃眉之急，为老百姓办实事，探讨发展大计。以"功成不必在我"的精神境界和"功成必定有我"的历史担当，保持历史耐心，发扬钉钉子精神，为新时代推动县域经济发展和社会治理作出了生动的艺术回答。

胡歌饰演的梅晓歌，面对一团乱麻的发展困局，能紧紧抓住主要矛盾，提出"化风险、挤水分、求发展"的九字诀，即便面临千斤重担，依然保持了"越是到了火烧眉毛的时候越不能盲目，压力再大项目也要筛选好"的理智。从梅晓歌身上，我们看到作为基层党政主要领导干部应有的头脑清醒与担当、决断。这种踏实稳健、一步一个脚印的作风，在处理拆迁、环保、医改、信访的过程中，体现得淋漓尽致。可以说，梅晓歌是一个真正在发展大计上展现了格局、在突破困境上找到了方法、在政商关系上守住了底线、在勤政为民上体现了情怀的好干部。同时，在应对纷繁复杂的局面中，梅晓歌作为一县主官，身上偶尔流露的疲惫感和无力感，又让我们对基层领导干部面临的真实困境有了更形象、更鲜活的认知。

作为光明县县长的艾鲜枝，雷厉风行、强势犀利，公认是个不讨喜的主，联络员换了一个又一个，"大院里的流浪猫都绕着她走"。但是，随着剧情发展，我们从她身上看到了一个刚柔并济、有勇有谋，有时也有点失态和无助的一线女干部的真实画像。在县支柱产业环保整改不到位时能顶住压力说封厂就封厂，面对油坊老板娘开出 120 万天价拆迁补偿款时抛出一句"补税"就让对方服软，约见省厅侯处长时能放低身段，处理上游岚县化工厂排污时先礼后兵，在妇联干部遭遇家暴时能挺身而出，给儿子打电话时小心翼翼到十分关心又有些卑微。吴越饰演的艾鲜枝，从造型、语速到眼神、气质，真正把一个打得粗、过得细、吃得苦、斗得硬的体制内女强人的形象演绎得活灵活现。

被戏称为"民间纪检委"的老邱，贯穿了全剧始终。与一般的上访户不同，作为县中医院退休职工的老邱，曾经也是体制内的一员。他选择当合法维权的"资深钉子户"，并不完全是为了个人利益，一次次举报，也不是为了看县委县政府"出洋相"，骨子里是基于对领导干部党风、政风的强烈期待。当他看到光明县的干部敢作为、善担当、勤为民、能做好，看到光明县恢复元气、焕发生机时，选择了将上访资料整理好交给信访局局长"销账"。可以说，老邱成了检验光明县领导干部发展观、政绩观的一面镜子。他的"挑刺"可能让有些领导干部觉得是个"麻烦"，但是，正因为基层总是有这样的"麻烦"，才会让领导干部的发展观、政绩观，不断得到纠偏和矫正，他已经成为这个生态的一环。

面对发展中的难题，以梅晓歌为班长的光明县一班人没有逃避、没有畏惧，而是坚持正确的政绩观迎难而上、敢破敢立，逐步化解一个又一个难题，他们的政治担当和优秀品德，值得我们深入学习。

年轻干部工作学习累了，可以看看《县委大院》

在剧里，梅晓歌曾说过这样一句话："光明县的发展是一部长剧，每个人出场的时间其实很短。"而从县领导、乡干部到村委会主任，剧中一个个基层干部贴身一线，将"干部要干"的责任担当展现得淋漓尽致。

"受气包"似的城关镇党委书记乔胜利，工作"5+2""白+黑"是常态，对上访户的工作做到了"我对你比对我爸爸都好"，成天忙到降压药都忘了吃，甚至感慨"再不回家，老婆连夜都要改嫁了"。这样的工作状态，妻子不理解，群众不领情，有时候领导还不满意。成天忙前忙后，车胎还被扎。好不容易回了趟家，屋子里空空荡荡，煮顿速冻饺子，窗户还被砸,吃饺子吃出了玻璃碴儿,但是,碴儿挑出来后还得吃,受气之后还得继续干。可以说,王骁饰演的乔胜利,把基层干部的"不容易",真正演出了"生活流"。

信访局局长郝东风,作为县直部门一把手,他面对的困局也是众多基层干部面对的困局。但凡你在亲朋好友眼中成了一个"官儿",亲朋好友就会认为没有你摆不平的事情。堂哥的小舅子醉驾会找上他,平常七大姑八大姨也没少来事。但是,作为基层干部,这些事往往是一件都办不了。当遇到迁坟这样的家族大事,作为领导干部的郝东风万般无奈下带头签字同意迁坟,甚至为此做好了"辞职"的打算。面对家人的不理解不支持,郝东风敞开心扉、坦露心迹,终于得到了家人的谅解和支持。种种艰辛,既表明了基层干部为了工作"豁得出去",也展示了基层干部工作中面临的真实困难。

而作为"小人物"的长岭村三宝主任,饱满地展现了一个最基层的村干部的日常行事本色。一出场,三宝主任就给县领导和乡领导导演了"一出戏",撺掇和"遥控"村民上访;但是,为了村民的利益,他又敢带头去九原县闯胜矿业打架。在三宝主任身上,可以照见许许多多的村干部的影子。他们既有作为一村之长的威信,有时候又有点莽莽撞撞;既深谙人情世故,又不失淳朴本性;既习惯于当救火队长,有时候又看不到大局、不善于前瞻。他们身上有缺点、不完美,但他们身上展现出的人性的闪光点,让人倍受感动。

这些各有看点的乡镇干部，将基层工作的琐碎、复杂和艰难，表现得历历在目，更真正折射出了基层干部的担当与作为。当我们的年轻干部工作累了、学习倦了，可以看看乔胜利、郝东风、梁三宝，看看他们是如何承压解压、如何迎难而上、如何解决问题的，相信一定会从中获得更深刻的认识和体悟。

职场新人长知识、明事理、学规矩，可以看看《县委大院》

剧中，表哥袁浩为帮助职场小白林志为尽快融入工作、了解"入职规则"，可谓操碎了心：如何服务领导、如何成为联络员、如何揣摩领导意图、如何称呼领导的职务、如何保持头脑清醒，甚至是衣着等细节都有涉及。在袁浩等的指点下，林志为通过努力逐渐适应了体制内的工作方式和节奏，给领导写讲话稿、安排日程、跟进事项越来越顺手。

很多网友原本只是追着胡歌而来，但看了几集之后，却越来越沉浸其间，发现这是一部听起来严肃沉闷，看起来津津有味的"体制内必修课"。尤其是从林志为这个新人视角，让观众产生了强烈的代入感。大家跟着林志为这个"职场小白"一步步走进体制内，才发现原来县委大院里的办公室是这样的，原来领导开会是这样开的，原来联络员每天要准备这些资料，原来县长是这么发言的，原来开会并不是事无巨细都要记录……

在林志为成长的路上，一方面，有百事通袁浩、做事雷厉风行的县领导艾鲜枝、长岭村朴实的村民、有情有义的三宝主任等，从正面充当了他的指路明灯；另一方面，有不作为的曹建林、心机男小赵、懒汉刘喜、盗伐树木的徐军等，从反面教会了林志为成长。通过这些人和事情，磨炼了意志，提升了能力。每个人的成长道路上都会遇到形形色色的人，你能看到什么，学到什么，全靠自己领悟，只要你时刻坚持以积极的、阳光的心态去面对，定能收获前进的动力。

很多网友还表示，自己从这部剧中真正领悟到了沟通的艺术。比如，前县委书记吕青山临走前，亲自出马说服老书记周良顺带头拆迁，就充分展示了自己的高情商。吕青山单独约见老书记，带了一瓶1992年的老酒，地点是在当年两人首次见面的老餐馆，重点是说了三句话："您的小院是唯一的线头""住了十年的小院，每一棵树、每一枝花都是心血""假如您是我的父亲，我回家该怎么说"。简简单单几句话，既做到了推心置腹，又做到了换位思考，一番发自肺腑的真心话，成功唤醒了老书记的责任感与担当。

剧中类似的场景还不少。比如，梅晓歌在动员老支书带头迁坟时说，"你们和我的父亲一样大，你们这代人，是久经考验不求回报的一代人"，同样有很强的代入感，成功打动了现场的老支书老同志。"官场剧"也是情商课，这些走心的话，对于职场新人而言，同样是值得细细体会、学习。

对体制内生活很好奇，可以看看《县委大院》

很多观众不知道县委大院里的干部在做些什么，看了这部剧，大家发现：原来四大班子的牌子是这样左右分布的，干部们的穿衣风格是这样，原来领导们坐的车上都贴了"公务用车"标识，他们每天忙的是这些事，原来改变着我们生活的决策是这般作出的，原来基层干部的工作状态真的"就像踩着一辆独轮车，手里呢，还扔着六七个小球"。而观众们也同样看到了，那些看似光鲜体面的干部身份背后，都有着普通人的一面：有进退两难时的迷茫，有着焦头烂额时的疲惫……

《县委大院》首先让观众们看到了一个个"真实"的人，然后才是一个个"真实"的体制内干部：王晚菊在乡政府通宵达旦忙活，饿得不行吃泡面垫肚子，回家还被丈夫家暴，最后被县长发现才得以暂时解决。作为"穷财神"的县财政局局长叶昌禾成天被人围堵，逼得县长亲自去隔壁九原县化缘。优化营商环境，梅晓歌"明察暗访"后让羊汤店老板拐叔帮忙发起座谈会，面对面接受商家老板吐槽和抱怨。凡此种种，不一而足，反映了基层干部的艰辛和不易，打破了大家对基层干部的刻板印象，而身处一线的基层干部在看了该剧后更是感慨：现实远比电视剧复杂，工作也难办得多。

其实，哪有什么岁月静好，只是有人在看不见的地方为你遮雨挡风、替你负重前行而已。《县委大院》"揭秘"了体制内的日常生活，相信也能让群众在了解那些背后的艰辛后，对基层干部的工作多点理解、包容和认同。

写在最后

县委是我们党执政兴国的"一线指挥部"，县委书记是负责掌舵的"一线总指挥"。国计民生的种种，方针政策的件件，都指着这个指挥部承上启下、落地生根。县的治理就像国家治理的微缩版，真是"麻雀虽小五脏俱全"，找准自身的定位很关键。县委大院，真正大的不是院子，而是做人的担当和做事的格局。剧中，以梅晓歌、艾鲜枝为代表的当政者，不掩饰、不回避改革建设中的问题，敢于承认数字造假，敢于挤压政绩泡沫，组织推进拆迁、平坟、环保、招商等多次"战役"，啃下了一个又一个的硬骨头，带头转变工作作风、治理营商环境、整顿执法队伍，都是党的自我革命在基层的生动实践。

梅晓歌们和光明县的故事已经告一段落，而剧外更精彩的中国式现代化建设故事正在各个领域继续上演，里面不只有无数扎根一线、为民服务的基层干部，也有新时代每一个为幸福而奋斗的你和我！

覃波　袁从亮　执笔

2022 年 12 月 30 日

群星奖，《守望·撒麻》为什么能

> 《守望·撒麻》置身时代的广阔天地和宏大背景，坚守人民立场，将目光投向时代生活，从一人一家的感人故事入手，铺展一村一隅的发展变化，让人"窥一斑而知全豹"，观察到春秋更迭，感受到时代脉动，感知到奋进、拼搏、苦干的时代精气神。

2023年9月中旬，在第十九届群星奖颁奖晚会上，贵州毕节音乐作品《守望·撒麻》一举摘获三年一届的全国群众文化艺术政府奖最高奖"群星奖"，成为全国5部音乐类作品、30部全部类别获奖作品之一。这是贵州省群众文艺作品自2013年以来的首次获奖，也是贵州省此次参赛作品中唯一的获奖作品。

群星奖，《守望·撒麻》为什么能？我们用时代巨变之创作源泉、多彩贵州之文化土壤、真情投入之匠心独运这三个方面作答。

一

因聚焦于时代之变提炼主题，所以"出众"。

文艺是时代前进的号角，最能代表一个时代的风貌，最能引领一个时代的风气。在新时代彻底撕掉千百年来绝对贫困的标签、实现物质和精神两个层面"千年之变"的贵州，有道不尽的时代巨变，有画不完的群众笑脸，有说不够的"缩影""故事""样板"。

《守望·撒麻》以毕节市化屋村乡村振兴为创作主线，描绘了一个属于时代的故事：在党和政府惠民春风的吹拂下，风华正茂的彝族姑娘依吐大学毕业后毅然决然返乡创业，与乡亲们一起守望家乡、播撒希望，一起苦干实干、埋头奋进，带领大家增收致富，将昔日的穷乡僻壤变成了美丽新家园。剧中"喋喋不休"的织布机、人来人往的农家乐、货车穿梭的服装厂以及彝族人的劳动绰影，极具乡土气息、生活气息、时代气息。

《守望·撒麻》置身时代的广阔天地和宏大背景，坚守人民立场，将目光投向时代生活，从一人一家的感人故事入手，铺展一村一隅的发展变化，让人"窥一斑而知全豹"，观察到春秋更迭，感受到时代脉动，感知到奋进、拼搏、苦干的时代精气神。

走进时代，去描绘、去升华这个时代真实的、鲜活的故事，足以成就感人至深、令人动容的艺术作品。

二

因萃取贵州之美打造形象，所以"出彩"。

多彩如贵州，这里风景名胜资源丰富，素有"公园省"之美誉，自然风光神奇秀美，山水景色千姿百态，自然风景和古朴浓郁的民族风情交相辉映，红色文化资源丰富。拥有如此丰厚的美丽土壤和天然"不动产"，完全有理由孕育出一批具有贵州特色的文艺精品。

"所有的杰作，都不是孤立地横空出世的，而是经年累月共同思考的结果，是群体智慧的结晶"，新编撒麻舞的创作也遵循这样的规律。在长期种麻的生产劳动中，彝族群众集体创作了撒麻舞，这是彝族先民生产生活的原生再现，也是山中人勤劳、智慧、和谐、欢愉的真实写照。《守望·撒麻》守正创新，以民族文化为创作基底，通过在原生态音乐中注入新时代的畅意，使得原生的民族舞蹈在精致的舞台上熠熠生辉。当舞台的大幕徐徐拉开，一幅山花簇簇、歌声袅袅的山村图景美丽绽放、令人陶醉。

在充满民族特色的唱腔反复吟唱下，科技、农贸、电商、交通、能源、文旅、教育等领域翻天覆地的变化被艺术表达、精彩呈现。随着剧情的深入，我们看到一针一线绣出的秀美织物日益受到欢迎，渐渐地走出大山、走向世界，展现了民族文化活起来的无穷魅力。在优秀传统文化加持下，沧海桑田的"千年之变"自然而然地流露出满满的文化自信，让我们有理由相信"民族的就是世界的"。

三

因为"走心"，所以"出新"。

第十九届群星奖涵盖全国2077个演出单位共3260部作品，仅音乐类作品就有168部进入复赛，最终出现在获奖名单上的5部作品，无不表露出专业的不吝认可、群众的心之所向。

创作思想精深、艺术精湛、制作精良的精品，需要匍匐于乡野、根植于田间去找寻与群众的共鸣点，去追溯一棵树的变迁，去探索一块砖的生平，在绿水青山抓住一阵风的往来，仔细聆听漫漫征途中的时代主旋律。

《守望·撒麻》的创排，历时近一年，30多名演职人员参与其中，在反复采风考察、推翻重来、打磨提升中，短短5分多钟的作品，展示了彝族文化的翩跹、贵州精神的绰约，以及新时代文化创新创造的活力，其背后是走入生活、贴近人民的辛勤付出，是潜心雕琢、静心打磨的不懈坚持。唯有把心、情、思沉到人民之中，艺术作品才能汇聚向上向善的磅礴力量。

《守望·撒麻》斩获群星奖，是百姓的故事焕发出的溢彩流光，也是在贵州大地上一次朴素、真情的艺术创作的成功。所有编创人员的全情投入，用艺术扣人心弦，用真实沁人心脾，将朴实的生活谱写为动人的旋律，让百姓的故事传唱得美、传播得深。

王丹美斯　执笔

2022 年 11 月 14 日

看贵州文艺如何立传、画像、明德

> 以敏锐的洞察力捕捉时代的一隅,以直通心灵的"动情力"刻画人物内心的细腻情感,以独特的感染力将多彩贵州万千生态聚焦在镜头下,尽显贵州影视勃勃生机。

文艺是时代的号角。2022年,贵州文艺界始终胸怀"国之大者",植根于贵州大地,行走于黔山贵水,描绘多彩贵州的无穷魅力,演绎时代巨变的精彩华章,捕捉大踏步前进的铿锵足迹,自觉担负起为人民立传、为历史画像、为时代明德的神圣使命,谱写了一曲又一曲的恢宏赞歌,培根铸魂,一大批优秀的文艺作品登台亮相,闪耀在时代的大舞台。

用荧幕礼赞时代,以精品奉献人民

大屏幕上贵州故事动心动情,小屏幕中贵州精神至情至性。

贵州电影一直坚守自己的特质，以炽热的情感，用光影记录、书写、讴歌伟大的时代，讲好中国故事、贵州故事，传播好声音。

"我们只能选择救人！"获得中宣部第十六届精神文明建设"五个一工程"奖的电影《峰爆》从人性出发，以党性铸魂，用特别的方式传递着于平凡中见伟大的价值观，道出"英雄未必是无所不能的超级英雄，同样可以是普通人"的凡语真言。

"人们紧紧搀扶着，凝望漆黑的海面"，贵州籍导演饶晓志执导的撤侨题材电影《万里归途》塑造了可爱的、可信的，更是可敬的中国外交官形象。

而当我们投眼于央视黄金档，"贵州制造"的电视剧主题鲜明，题材出新，打破了传统乡村与城市的边界，连接着当下和未来，用史实服人，以细节动人，在中国电视剧中形成了一道别具风采的靓丽景致。

静谧宜人是乡村，花繁叶茂是"花茂"，描写新时代干部群众携手脱贫致富奔小康的电视剧《花繁叶茂》获第16届中美电视节"中华文化传播力奖"。乡土气息并不意味着"土气"，而恰恰说明了一个道理，那就是头上有多少汗水、脚下有多少泥土，心中就沉淀多少为民情怀。

央视热播的英模题材电视剧《高山清渠》，以"七一勋章"获得者、"时代楷模"、全国道德模范黄大发为原型创作,塑英模形象,铸劳动史诗,与观众一同回溯一个年代、一方热土、一群共产党人不渝的初心。

以敏锐的洞察力捕捉时代的一隅,以直通心灵的"动情力"刻画人物内心的细腻情感,以独特的感染力将多彩贵州万千生态呈现在镜头下,尽显贵州影视的勃勃生机。

萃取家国情怀,洗练人间情义

随着新时代文学的昂扬主旋律进一步唱响,贵州文学创作百花齐放、活力奔涌。长篇小说、中短篇小说、报告文学、诗歌、散文等佳作纷呈,广大文学工作者以昂扬的奋进姿态努力开创文学事业新局面。

由欧阳黔森创作的长篇报告文学《江山如此多娇》获第八届鲁迅文学奖。这部以书写贵州脱贫攻坚战为主题的作品,情思饱满、大气磅礴,既呈现了人民大众奋进新征程的"真善美",也印证了唯有用心用情用力讲述历史演进和人民的精神品格,才能深刻抒写贵州千年巨变的史诗。

检索贵州省精神文明建设"五个一工程"奖图书类获奖名单,由贵州出版集团出版的《从石库门到天安门:百年大党的红色地标》、郑欣《百川东到海》、范同寿《贵州历史笔记》、蒋巍《主战场:中国大扶贫——贵州战法》、杨骊《一座城市的交响》等光荣在列。

这些以全国或贵州背景为题材的文学作品，不仅全面彰显了贵州作家的全局视野和对大势的深邃思考，也展示了贵州各个领域弄潮儿"敢为天下先"的可贵品格，折射出奋进者的勇毅与智慧，展示了贵州新时代文学创作的浓厚氛围和创作者的崇高思想境界。

文艺承担着凝心铸魂、成风化人的职责。贵州省作协组织100余名作家挖掘全省脱贫攻坚中的典型人物、典型故事，创作了200多万字的大型报告文学丛书《历史的丰碑》，全面展示近年来贵州各地取得的巨大成就，尤其是在物质和精神层面发生的两个"千年之变"；报告文学《足迹》沿着习近平总书记视察贵州的足迹逐一铺陈开来，生动地描绘了贵州各族群众的生产生活、精神状态的崭新面貌；以退役军人为题材的报告文学《永不褪色》，用文艺创作为新时代退役军人的精神品格"画像"。

将音符沁入人民心灵，奏响时代之声

优秀文艺作品的感染力和感召力，能够使人在艺术的享受和审美的愉悦中，潜移默化地受到熏陶，在情感共鸣中实现价值认同。这样的认同感，就是传唱传播，就是广为人知。

省委宣传部出品的歌曲《好儿好女好家园》获第十六届

精神文明建设"五个一工程"奖，毕节市文化馆创作的音乐作品《守望·撒麻》获第十九届中国文化艺术奖"群星奖"，《自强少年》《亲爱的祖国》名列贵州省精神文明建设"五个一工程"奖歌曲类获奖名单，广播剧《周钟瑄》获第二十一届中国广播剧研究会专家评析二等奖，并入选中国广播剧研究会举办的"迎接二十大·奋进新征程"优秀广播剧展播活动。

快节奏生活下的人们在音乐的熏陶中逐渐回归生活、回归自然、回归本真，用心跟随那跳跃的音符，奔向令人向往的诗和远方。

通过音乐作品、听觉艺术，城镇和乡野的巨变、个人与时代的悲喜，在人们脑海里徐徐展开。这些源于群众身边事的创作，带着浓浓的人间烟火味渗透到我们的生活里，最能持续打动人、吸引人、启发人。

以人民为中心，勇攀文艺高峰

新时代发展的洪流奔腾向前，火热的生活实践为文艺创作带来源源不断的鲜活素材和无限动力，为贵州省舞台艺术创作打开了新的局面。

黔剧《腊梅迎香》荣获第十七届中国文华奖剧目提名奖，民族管弦乐《大山节日》入选文化和旅游部2022—2023年度"时代交响"创作扶持计划，杂技作品《云路匠心——跳板蹬人》获第十一届中国杂技金菊奖提名奖，京剧《锦绣女儿》、舞剧《林青的远方》获贵州省精神文明建设"五个一工程"奖。

"阳春白雪"和"下里巴人"相得益彰，剧场艺术与文艺志愿服务活动相辅相成，全省舞台艺术创作始终坚持以艺术精品直接回答"为谁创作、给谁看"的根本问题，深入挖掘人民的故事，将反映新时代、讴歌新时代作为重要使命，聚焦民族精神与时代精神，寻找历史天空中的闪亮坐标。

文艺需要群芳共赏，文艺创作者需要走出方寸天地，将双脚踏在贵州发展热土上，将视野投向贵州发展蓝图。乡村振兴的火热实践、追梦筑梦圆梦的贵州故事，已经深深嵌入了新时代贵州舞台艺术的图谱。

随着主题表达的深度、题材开掘的广度和手法创新的力度进一步提升，许多作品在实现艺术价值的同时，也为贵州省经济社会发展提供了强大的精神动力，同时留下了宝贵的"艺术存照"。

担负新的使命，与伟大时代双向奔赴

有人民的滋养，文艺百花园才会有争奇斗妍花千树；有时代的力量，剧作才会震撼人心、音符才能拨动心弦、华章才更催人奋进。文艺与时代相呼应，与人民同呼吸、共命运、心连心，为推进文化自信自强，铸就社会主义文化新辉煌贡献了强大的力量。

围绕学习宣传贯彻党的二十大精神，由中共贵州省委宣传部主办、贵州文化演艺集团承办的党的二十大精神文艺宣传专题演出《光荣与梦想》，新创了一个思想精深、艺术精湛、制作精良，贴近时代、贴近生活、贴近人民的艺术作品，通过歌曲、舞蹈、朗诵、快板、杂技等艺术形式，以一场极具贵州文化特色的视听盛宴，生动鲜活地宣讲党的二十大精神，让党的二十大精神入脑入心。

不仅大舞台上"文艺+宣讲"的形式赢得了掌声，文艺宣讲+社区坝坝会，文艺宣讲+"苗语快板"，文艺宣讲+乡村 Rap 等内容丰富、形式多样的宣讲方式，让党政国策、理论思想以文艺的形式走进人民群众中，令宣讲更加鲜活、更加生动，更接地气。

为更好地满足基层群众的文化需求、增强人民的精神力量，全省开展了"讴歌新时代·迈进新征程"贵州名家精品展、"礼赞新时代、奋进新征程"优秀电视剧展播、"贵州是平的"交通题材系列文艺创作活动、"感恩奋进新征程　绿水青山看贵州"贵州林业诗歌大赛等活动，组织了"我们的中国梦"——文化进万家活动 100 余场、"到人民中去"贵州省文艺名家志愿服务活动近 50 场，得到了基层群众的广泛好评。

奋斗收获满，黔中气象新。回望 2022 年，贵州文艺创作新品闪耀、精彩纷呈。新的一年承载新的希望，新的奋斗成就新的辉煌，新征程对贵州文艺工作提出了新的更高的要求。只有与伟大时代双向奔赴、与人民群众共同奋斗，才能不断开创新时代贵州文艺气象万千的壮阔境界。

王丹美斯　执笔

2023 年 2 月 10 日

多彩贵州文化艺术节如何越办越好

> 2023多彩贵州文化艺术节，有必要深入总结和运用"村BA""村超"连续出圈的管用经验，广开文艺之门、不断扩大群众参与度和覆盖面，让文艺更接地气、更有人气。

自2016年以来，多彩贵州文化艺术节已连续举办至第7年。7年的坚持不懈与创新推动，让多彩贵州文化艺术节成为全省规模最大、影响最广的综合性文化艺术盛会。

7月17日，中共贵州省委宣传部举行新闻发布会，介绍了2023多彩贵州文化艺术节的相关情况。从中，我们了解到，2023年的多彩贵州文化艺术节，将继续坚持以人民为中心的创作导向，以"讴歌新时代 奋进新征程"为主题，举办多彩贵州歌唱大赛等14项主体活动和海龙屯国际影像文化周等15项配套活动，主题鲜明、内容丰富、形式新颖、参与性强、值得关注、参与和期待。

文艺的生命在于跟人民的血肉联系。举办多彩贵州文化艺术节，其重大意义也在于更好地实现文化惠民、推动物质文明和精神文明相协调。我们要坚持开门办、开放办、开心办、开创办，让群众有感、受益、满意，成为文艺的主角，打造"文化艺术的盛会、人民群众的节日"。

开门办，让群众多参与

最近在网络特别是朋友圈流传的一篇题为"国家发展改革委干部关于贵州'村超'的调研报告"的文稿，总结了"村超"的成功密码，第一条就是"源于全民参与、纯粹且接地气"。8月14日，《光明日报》头版头条刊发"火火的'乡村赛事'，醉了农人美了贵州——'村BA''村超'火爆带给我们的启示"的报道，认为"村味赛事"之火，首要的一点是"火"在全村老少齐上阵。可见，群众参与度对于举办文体活动来说，既是成功的"密码"，又是衡量的尺度。

2023多彩贵州文化艺术节，有必要深入总结和运用"村BA""村超"连续出圈的管用经验，广开文艺之门、不断扩大群众参与度和覆盖面，让文艺更接地气、更有人气。我们欣喜地看到，2023年的多彩贵州文化艺术节，将专业性与群众性紧密结合，举办一系列主题活动和配套活动，涉及语言艺术、视觉艺术、表演艺术、综合艺术，既可以集体参赛，又可以个人参与，活动场次和文艺形式之多、时间跨度之长、地域覆盖之广，已经为群众参与大开方便之门、选择之门，一定能够让群众喜闻乐见、实现雅俗共赏，有效吸引广大群众走进剧场、走进展馆、走上舞台、走到现场，接受文艺熏陶、感受文艺氛围，最大限度参与到文化艺术节中来。

开放办，让文化广传播

多彩贵州从不缺少美。这里是党的十八大以来党和国家事业大踏步前进的一个缩影，有道不尽说不完的奋进之美、拼搏之美、创新之美。这里拥有老天爷和老祖宗留下来的无数自然珍宝和文化瑰宝，风景名胜资源丰富，自然风光神奇秀美，山水景色千姿百态，自然风景和古朴浓郁的民族风情交相辉映，红色文化资源丰富。举办多彩贵州文化艺术节，一个重要目的就是要发动广大文艺工作者深扎贵州大地、深入火热生活，感受多彩贵州的魅力与活力，发现和传播贵州之美，用文艺形式展示和宣传贵州。

文化的魅力很大程度上在于传播。中共贵州省委宣传部牵头组织多家单位举行新闻发布会介绍2023多彩贵州文化艺术节相关情况，本身就是开放办节的一个好的开头。活动进行中，全省宣传文化系统还要始终坚持"宣"字当头、做到"传"之有方，通过媒体广泛发布各主题活动及配套活动信息，引导广大群众合理安排观看和参与时间。要组织媒体以短视频、H5、直播等多种方式广泛宣传，用足用好公众号、视频号、朋友圈等途径广为传播，形成全方位、多角度、全媒体传播的良好局面，让更多群众知晓和参与，让文艺精品在传播中强信心、暖人心、聚民心、筑同心。

开心办，让人民更欢乐

精彩的文艺活动往往能让群众收获满满的幸福和快乐。比如，兴起于20世纪80年代的"中央电视台春节联欢晚会"，给一代又一代的中国人带来欢乐，留下深刻而美好的回忆。再如，前段时间一群年轻人自发组织的贵阳地下通道"音乐节"，"嗨翻全场"的氛围令网友感叹：这是"成年人难得的快乐瞬间"。还有，"村BA""村超"现场那一张张淳朴纯真的笑脸，让隔着屏幕观看赛事的观众和网友也受到感染、倍感欢乐。

在2023多彩贵州文化艺术节里，我们也看到了文艺带来的快乐模样。作为主体活动之一，2023年"五一"假期在遵义市绥阳县双河溶洞举办"多彩贵州·别有洞听"溶洞音乐周，现场观众在青山绿水之间情不自禁跟随音乐的律动挥手欢呼，古老的溶洞瞬间汇聚成了一片欢乐的海洋，还同步吸引了超1000万人次在线观看，让快乐实现广泛传递。作为多彩贵州文化艺术节子活动之一,即将举办的 2023 贵阳草莓音乐节,大概率也会让众多的"粉丝""用最炙热的热血,在这一次的音乐活动中,来释放每个人的一颗放纵、狂欢的心,随着音乐的节奏摇摆着。"让我们一起在文艺活动中创造快乐、感受快乐、释放快乐吧!

开创办,让多方都受益

从新闻发布会介绍的内容来看,2023 多彩贵州文化艺术节主要目标及内容既涉及公共文化服务,又涉及文化产业发展;既包括文艺精品展演,又包括文艺新品创作;既要发现和培养文艺新人,又要锻炼和推介优秀人才;既突出优秀传统文化传承发展,又彰显文化创新创造的活力张力;既要持续擦亮"多彩贵州"整体品牌,又要形成众星拱月的繁荣局面;既要强调文化惠民富民,更要强调推进"两个文明"相协调;等等。

这样的设计,让我们对举办 2023 多彩贵州文化艺术节而达成多项目标、让多主体都受益充满信心。期待通过文化艺术节的举办,特别是璀璨乌江寨·非遗嘉年华、中国·台江苗族姊妹节、"山乡巨变——中国式现代化的贵州实践"全国文艺名家大型采风创作活动、多彩贵州美术大赛、中国贵阳(修文)国际阳明文化节、屯堡文化节、多彩贵州景区(景点）驻场展演活动等系列活动的先后开展，把文化惠民的精神落到实处，把文旅融合的要求贯彻到位，推动物质文明和精神文明相协调，用文艺的力量更好培根铸魂、启智润心。

　　文艺之光，映照现实、点亮心灵。相信历经多年磨砺的多彩贵州文化艺术节，一定会越办方向越明、越办人气越旺、越办效果越实，真正成为发现和培育优秀文艺人才、创作和锻造贵州文艺精品的大舞台，为实现文化惠民、推动"两个文明"相协调再立新功。

胡小伦　执笔

2023 年 8 月 25 日

《绣琳琅》秀出国际新高度

> 这次获奖，让我们看到：非遗展示不止一种方式，杂技表达不仅硬功软功，迈步国际不必左顾右盼，深谙民族文化、精于磨炼细节，图功易，成功难，贵州杂技每一步都走得刻苦、充满希望。

2023年9月10日，由贵州省杂技团创作的杂技作品《绣琳琅》摘得俄罗斯莫斯科"艺术家"第一届国际马戏节铜奖。从莫斯科返回贵阳的航班上，平均年龄不到二十岁的少女演员们仍然止不住地激动。佳讯已抵家乡，家乡掌声响起，为这一群不用扬鞭自奋蹄的少女点赞，为这一部汲取大山根脉为灵感的作品喝彩，为这一次艺术与非遗完美契合的锻造叫好。这次获奖，让我们看到：非遗展示不止一种方式，杂技表达不仅硬功软功，迈步国际不必左顾右盼，深谙民族文化、精于磨炼细节，图功易，成功难，贵州杂技每一步都走得刻苦、充满希望。

从重围中杀出，于岁月里等待

有15个国家、32个节目参赛的俄罗斯莫斯科"艺术家"第一届国家马戏节，由尼库林莫斯科马戏院主办，中国杂技家协会唯一推荐队伍——贵州省杂技团亮相。偌大的尼库林莫斯科马戏院剧场圆形舞台的表演区被包裹在观众中间，灯光微暗、音乐渐起，贵州苗族银饰随着演员的步伐左右晃动，随之发出的银铃声天生就有一种来自大山的曼妙与轻灵，后方屏幕苗绣锦图徐徐展开，色彩亮丽、样式繁复，舞台上演员就位。《绣琳琅》用空竹说话、以唯美诱人，所展示的可能并不是赛事中最难的技术动作，但一定美得令人惊叹，宛如窗前白月光，"秀"出针尖上的多彩贵州。

惊艳俄罗斯的这支贵州空竹队伍，最小不到18岁，最大不到22岁，杂技生涯均在9年以上。时光作渡，已数不清抛向高空的空竹坠落过几次；手眼成书，已不记得多少个日夜是在练功房里度过。当每一个空竹在剧场内被高高抛起，被稳稳接下时，观众的惊叹声盖过了音乐声。容颜如玉，身姿如松，这支队伍全体编创、演出人员对杂技艺术的深情不被辜负。

在大山中寻根，于责任中突破

贵州苗绣的艺术风采源远流长，一针一线勾勒出流光溢彩的苗绣服饰、苗绣配饰，一穿一挑描摹出多彩贵州民族特色文化的脉络。"穿在身上的史书"如何才能成为行走天涯？这样的问题，与贵州省杂技团新作品创作不期而遇，于是开启了互相成就的美丽旅程。

作为国有文艺院团，贵州省杂技团始终聚焦于本土文化，杂技功夫与民族特色文化相融合，创作出一个既有杂技想象力，又具备贵州文化内涵的作品是他们不变的初心。功不唐捐，玉汝于成，在尚未与苗绣相遇前贵州省杂技团日复一日地苦练内功，为守正创新打下坚实基础。岁月不会辜负追梦人，当"文旅融合""创新继承非遗"等路径愈加清晰时，贵州省杂技团自然而然迈出了与时代同频的一步：创作具有非遗元素的杂技作品，以贵州非遗文化为内容，以院内新生演员为核心、中青年骨干为中坚力量，以贵州人干贵州事为精气神，通过不断打磨、采风，厚积薄发，精益求精打造出杂技作品《绣琳琅》，这一路走来都是风景。

用跬步积千里，于守望中攀登

《绣琳琅》在获得这次俄罗斯莫斯科"艺术家"第一届国际马戏节铜奖之前，就已经在 2021 年 9 月斩获第十八届中国吴桥国际杂技艺术节铜狮奖。历时三年，从贵阳走向石家庄，再从贵阳阔步国际舞台，这部作品也由聚焦于苗绣产业的内容扩展为乡村振兴、贵州故事。要传承也要创造，要继承也要创新，单一的技巧展示尽管会让人一时惊叹到"瞠目结舌"，但唯有具有民族文化内涵的作品才能深入人心，《绣琳琅》的成功便在于此。

手捧鲜花，年轻的演员们完成了自己在舞台上豪华的"成人礼"，而艺术与非遗的融合、创新与传承的尝试仍在路上。荣获俄罗斯莫斯科"艺术家"第一届国际马戏节铜奖，对于贵州省杂技团来说，有贵州老杂技人"老骥伏枥志在千里"的"匠"心温存，有贵州杂技中坚力量"十年磨一剑"的"匠"心传承，更有贵州杂技新生力量"旭日东升"般的未来可期。相信贵州杂技艺术创作，正积跬步、正汲厚土、正逢其时。

民族的就是世界的。我们期待贵州杂技艺术始终坚定文化自信、秉持开放包容、坚持守正创新，把杂技艺术发展和讲好贵州故事紧密结合起来，在"多彩贵州"丰沃的文化土壤中寻找创作灵感，推出更多富含贵州元素、体现民族风格、彰显时代特征、展现中国精神的杂技节目，像《绣琳琅》一样主动"走出去"，积极参与对外交流演出和比赛活动，推动贵州杂技艺术瑰宝不断发扬光大，在新时代绽放出更加迷人的光彩。

王丹美斯　执笔

2023 年 9 月 13 日

好儿好女好家园，一首好听又好看的歌

> 创作者们要写什么样的作品去讴歌时代、讴歌人民，这个命题作文并非古板守旧，完全可以在守正创新中酝酿出好词好曲，让民族音乐时尚化、民族唱腔通俗化，自然也就让好歌好听好传唱。

《乐记》云："乐者，心之动也"。

有这样一首歌，就像旭日东升时的浪潮一样，让人放下所有防备用耳朵去拥抱它，在其中可以听见山川河岳的浅吟低笑，听见男女老少的心频激震，当音乐声渐缓，我们陡然发现自己竟然是歌里的主角。由宋小明作词、王黎光作曲、阿鲁阿卓演唱的民族歌曲《好儿好女好家园》正如一颗被藏在时间暗盒里的糖果，闻者怦然心动。

在这首歌荣获中宣部第十六届精神文明建设"五个一工程"奖之际，我们重新打开《好儿好女好家园》贵州版MV，听觉和视觉的双重冲击仍旧扑面而来——在阿鲁阿卓爽

朗灵动的嗓音中，在美丽动感的画面映衬下，一首好歌的内涵得以热情洋溢地演绎，好听好看、催人奋进。

让一首歌充满诗意

民歌，即人民之歌，它和人民的社会生活有着最直接最紧密的联系。作为一首为庆祝中华人民共和国成立70周年联欢活动而创作的歌曲，如何更好表达人们对家乡的热爱、对幸福生活的理解和每个中国人心中荡漾的家国情怀，是创作者要深思的问题。《好儿好女好家园》以简明朴实、平易近人、生动灵活的音乐形式，特别是动感的风格、明快的节奏及快乐幸福的音乐词汇，很好服务了歌曲主题的表达。在阿鲁阿卓广袤且蜜色的西南少数民族唱腔的加持下，整首歌的音乐氛围显得舒朗清澈，从而也变得更加生活化、时尚化、年轻化。

旋律亲民，歌词更是直白"天工忽向背，诗眼巧增损"，词作者宋小明坦言"《好儿好女好家园》不是特别概念化，说的都是自己的事儿，写起来很容易动情，在歌词上也比较朴实，抒发起来比较由衷"。动情时有"男儿有情笑容暖，女儿有爱歌声甜"，营造出足够深刻的画面感；朴实处有"山那边水那边"，描摹下充分的空间感；由衷里有"风光独好大画卷"，彰显了绝对真实的生活感，不借由一些特别的解释性辞藻，感受的部分被完美地留给了听众，如果"耳目一新"

能够具体化，那这首歌的歌词大概是最为诗意的一种诠释。

创作者们要写什么样的作品去讴歌时代、讴歌人民，所谓的命题作文并非古板守旧，完全可以在守正创新中酝酿出好词好曲，让民族音乐时尚化、民族唱腔通俗化，自然也就让好歌好听好传唱。

让一首歌变得好看

优良的 MV 视觉造型可以更好地诠释音乐。随着《好儿好女好家园》"独唱版"火遍网络，贵州版 MV 应运而生。在由中共贵州省委宣传部出品的 MV 中，视频从天外云海开卷，一幅多彩贵州画卷被徐徐展开，"壮志乘梦展新图"从贵州梵净山、荔波小七孔到万亩樱花园等一应俱全，可以看到一处险滩、一条湍急的河、一座耸立的山，在湛蓝的天底下，密林更换一片又一片，山下住着常年与自然相傍的人们，他们的根绕过百年的夜晚，绕过丰沛的雨水，皆是"生我养我大河山"，而正是"山根"让贵州人足够自信书写下这首奋进之歌。

对绿水青山造福人民、泽被子孙的述说，莫过于直接呈现苗族、布依族、侗族等各民族同胞洋溢的笑脸、张开的双臂，以及感恩奋进中贵州在交通、大数据、科技等方面的"大丰收"，民族文化并非只有原生态的美，民族文化更有着劳动的美、现代的美、与世界接轨的美。阅尽千山有音乐做伴，像榛木烤火的暖意升腾起来，在不断重复并走向高潮的旋律中拥抱一种难以言喻的感动。

歌曲因电视画面而更加生动，电视画面因歌曲而广为传播。当一首歌曲配合着最琐碎的日常画面，却可以成为我们与时代、与党和国家之间的某种情感联结，这首歌的意义，便不再只属于某个特定的地域。正所谓新时代的贵州缩影，是爽朗的歌声中画面一帧一帧交叠的大踏步前进的生活的美、奋进的美。

让一首歌铺满生机

歌曲的生命在于传播，传播的意义在于可引起人民群众广泛而持久的同频共振，而优秀的作品则是实现传播最大效应的前提，主旋律歌曲如何实现"破圈"传播，这首歌给了我们启示：用喜闻乐见实现入脑入心。

书写人民的歌词不需要滥情，只需要由衷的真情；书写时代的歌曲不一定都是豪情壮志，还可以放得下绿水青山。《好儿好女好家园》作为第十六届精神文明建设"五个一工程"11首获奖歌曲之一，无论从音乐还是MV创作中，都能发现只有坚持以人民为中心的创作导向才能发人民之声、举时代之音。

文艺创作可以追忆峥嵘岁月，可以引领时代风貌，以文艺之声之力，举旗帜、聚民心、育新人、兴文化、展形象。《好儿好女好家园》的传唱体现了这首歌广泛的群众基础，阿鲁阿卓又从艺术性上引领了广大群众按照一个标准去学习去歌唱。我们有理由相信，《好儿好女好家园》是时代的回音，是各族同胞真实情感的表达，体现着广大群众对美好生活的创造和向往。这是一首由人民做主角、一首属于时代的歌曲。

　　"生民之道，乐为大焉"。我们期待更多音乐及文艺作品能够持续发出时代的黄钟大吕之声。

王丹美斯　执笔

2022 年 12 月 28 日

诗意远方

走遍大地神州，醉美多彩贵州。因为"二老"的特别眷顾——老天爷造就了独特的自然珍宝、老祖宗留下了丰富的文化瑰宝，贵州成为很多游人的诗意向往、理想远方。近年来，贵州坚持以文塑旅、以旅彰文，聚焦建设世界级旅游目的地目标，围绕资源、客源、服务三大要素，持续做大做强旅游产业化这个"四化"中最具比较优势的一环，贵州旅游发展在重新起跑中实现了新的领跑。

打造世界级旅游目的地，贵州底气何在

> 贵州多年来坚持不懈打造的品牌、搭建的平台、推出的创新举措，成就了一个接一个的"唯一""第一""最佳"，扎扎实实地鼓足了贵州打造世界级旅游目的地的品牌信心、发展底气。

最近，贵州提出要"奋力将荔波打造成世界级旅游目的地"，安顺黄果树也在推进打造"世界级旅游目的地"有关工作。

关于什么是"世界级旅游目的地"，目前业界并没有明确而统一的标准。但从旅游业发展的实践来看，已有很多标杆值得借鉴学习。比如，浪漫巴黎、动感之都香港、世界公园瑞士等城市、地区和国家举世闻名，堪称"世界级旅游目的地"。

在旅游业界，有一个建设"世界级旅游目的地"的故事。即 1972 年，新加坡旅游局给总理李光耀打了一份报告，认为新加坡除了一年四季直射的阳光，什么名胜古迹都没有，要发展旅游事业，实在是巧妇难为无米之炊。李光耀看过报告后批道："你想让上帝给我们多少东西？阳光，有阳光就够了！"后来，新加坡充分利用一年四季直射的阳光大做文章，短短几年就变成了世界"花园城市"，连续多年旅游业收入位居亚洲前列。

在这个故事启发下，对于贵州打造世界级旅游目的地，笔者感到有优势、有底气！

一

习近平总书记对贵州旅游业发展十分关心重视、可谓念兹在兹，多次强调，贵州风景名胜资源丰富，素有"公园省"之美誉，要求贵州推动新型工业化、新型城镇化、农业现代化、旅游产业化"四个轮子"一起转，把旅游业做大做强，丰富旅游生态和人文内涵。习近平总书记专门把旅游产业化列为贵州要大力推进的"四化"之一，充分体现了对贵州旅游业的特别期许。

在习近平总书记的亲切关怀和党中央、国务院的大力支持下，十年间，国务院两次专门发文支持贵州，其中均对旅游业发展做出部署。2012年出台实施的国发2号文件，明确了贵州"文化旅游发展创新区"的战略定位，提出要把"贵州建设成为世界知名、国内一流的旅游目的地、休闲度假胜地和文化交流的重要平台"。2022年出台实施的新国发2号文件，明确支持贵州"加快国际山地旅游目的地建设""做优做强黄果树、荔波樟江、赤水丹霞、百里杜鹃等高品质旅游景区，提升'山地公园省·多彩贵州风'旅游品牌影响力"。在新国发2号文件指引下，文化和旅游部、国家文物局专门印发了《支持贵州文化和旅游高质量发展的实施方案》，明确提出支持贵州"加快建设多彩贵州民族特色文化强省和旅游强省"。

由此可以说，打造世界级旅游目的地是贵州全面贯彻习近平总书记视察贵州重要讲话精神和对贵州工作重要指示批示精神，落实党中央、国务院决策部署，推动旅游产业化实现新突破，加快建设多彩贵州旅游强省的战略选择和必然要求。

二

"资源、客源、服务"是推动旅游业发展最重要的"三大要素"，也是我们打造世界级旅游目的地必须重点关注的几个方面。

从资源来说，贵州夏季是天然"大空调"，到贵州避暑渐成时尚；红色文化资源丰富，遵义会议扬名中外、彪炳史册；

传统文化独具特色，发源于贵州的阳明心学影响世界，出产于贵州的茅台酒香飘世界；民族文化多姿多彩，被誉为"民族生态博物馆"；世界自然遗产地、中国传统村落、中国少数民族特色村寨数量全国第一。世界前100座高桥近半数在贵州，"中国天眼"遥望宇宙星河，一座座超级工程"惊艳世界"。这些都是贵州的世界级资源，也是贵州打造世界级旅游目的地的资源底气所在。只要我们坚定信心、创新思路，像新加坡一样发挥天资禀赋，抓好旅游资源精深开发、不断丰富旅游业态，就一定能把世界级旅游资源转化为世界级旅游吸引物。

从客源来说，近年来，我们持续做大做强贵州旅游业，除2020年受新冠疫情影响外，"十三五"时期前四年全省接待入黔游客人次、旅游总收入均保持30%以上的增长，贵州旅游规模跃居全国前列。如恢复到疫情前正常水平，贵州每年将有数以亿计的游客流量，形成了一个巨大的消费市场。我们要进一步开拓客源市场，用足日益优化的交通、区位和开放条件，用好周边省份客源市场优势，深入挖掘国内旅游市场，以更大力度开拓国际市场，广泛吸引八方游客，为建设世界级旅游目的地供应源源不断的流量支撑。

从服务来说，曾几何时，贵州"地无三里平"，加之交通条件落后，美景"可望不可即"。新时代10年来，贵州逢山开路、遇水架桥，率先在西部实现县县通高速，高速铁路四通八达，民用航空机场实现市州全覆盖，全省各地交通条件得到显著提升，可进入性、通达性得到极大的改善。现在来贵州完全可以"快进慢游"了。我们要持之以恒围绕"吃住行游购娱"六要素补齐服务短板，全力呵护发展环境，让贵州旅游服务更加精细精致精美、更有品质品位品牌，充满朝气正气底气。

三

党的十八大以来，贵州深入贯彻落实习近平总书记重要指示要求，依托得天独厚的"公园省"优势，把旅游业作为"四化"的重要一环，坚持以文旅融合为根本，以文塑旅、以旅彰文，持续丰富旅游生态和人文内涵，加快建设多彩贵州旅游强省，努力打造国际一流山地旅游目的地和国内一流度假康养目的地，全力推动旅游业发展走上快车道。

在这一过程中，贵州不断强化开放理念，主动融入国内国际双循环发展格局，连续创新开展系列重大营销活动，十六年不间断举办旅游产业发展大会、这在全国是唯一的，多次举办国际山地旅游暨户外运动大会，由贵州发起成立的国际山地旅游联盟是世界上第一个以山地旅游为主题的国际旅游组织。近年来，"山地公园省·多彩贵州风"美誉度更佳、回头率更高，在国内外引起重视和关注。联合国世文会把贵州确定为全球 10 大旅游首选地之一；《纽约时报》曾把贵州推荐为全球 52 个最值得到访的旅游目的地之一；《孤独星球》把贵州评为最值得去的十大最佳旅行地区之一。

世界级旅游目的地虽然未有一个成形的评判标准，但终究绕不过"品牌知名度高""客源构成广"等"关键词"。贵州多年来坚持不懈打造的品牌、搭建的平台、推出的创新举措，成就了一个接一个的"唯一""第一""最佳"，扎扎实实地鼓足了贵州打造世界级旅游目的地的品牌信心、发展底气。

世界级旅游目的地，是旅游产业高度成熟、旅游要素高度完备、旅游综合效益显著增强的一种发展形态，打造世界级旅游目的地是一个由量变向质变飞跃的发展过程、是一个涉及旅游多要素集成的系统工程，有了底气、有了信心、有了方向，是迈出了第一步。我们要抢抓疫后旅游"重新起跑"的关键窗口期，坚持系统观念，做优长板、补齐短板，重点突破、有序展开，让优势更优、强势更强，支持荔波、黄果树等地率先示范，以点带面实现整体跃升，奋力打造世界级旅游目的地。

周江　岳江山　执笔
2023 年 3 月 8 日

这届旅发大会，看点在哪里

> 举办旅发大会，其意义也在于顺应新形势、抢抓新机遇，推动旅游业实现新发展。这一届贵州旅游产业发展大会，与以往相比，在主题设定、活动筹划等方面都有一些值得关注的新特点。

自 2006 年以来，贵州旅游产业发展大会，每年举办一届。2022 年受疫情影响，第十七届延期到 2023 年 4 月初举办。把旅游产业发展大会连续举办至第十七届，这在全国是唯一的。

3 月 29 日，贵州省政府新闻办举行第十七届贵州旅游产业发展大会新闻发布会，省文化和旅游厅、省商务厅、贵阳市人民政府、贵州旅游投资控股（集团）有限责任公司负责同志介绍了大会有关情况，发布了关于大会主题、主要活动、时间地点以及大会筹备的一系列信息。

旅游业是环境敏感型产业，其发展与经济社会形势紧密相连。举办旅发大会，其意义也在于顺应新形势、抢抓新机遇，推动旅游业实现新发展。这一届贵州旅游产业发展大会，与以往相比，在主题设定、活动筹划等方面都有一些值得关注的新特点。让我们围绕焦点、亮点、时点和地点来看一看。

围绕焦点看大会

看大会首先看主题，主题就是大会焦点。一年一度的旅发大会，因为面临的形势任务和承载的期待要求不同，都有一个不同于往年的鲜明主题。本届大会以"共聚多彩贵州公园省、共建世界旅游目的地"为主题，体现了贵州在推动旅游产业化过程中一些新的认识和思考。

习近平总书记多次强调，贵州风景名胜资源丰富，素有"公园省"之美誉，要求贵州推动新型工业化、新型城镇化、农业现代化、旅游产业化"四个轮子"一起转，把旅游业做大做强，丰富旅游生态和人文内涵。在这个绿水青山、多姿多彩的"山地公园省"之中，像黄果树大瀑布、西江千户苗寨、荔波小七孔、赤水丹霞等旅游资源，在全国乃至全世界都是独一无二的，堪称世界级旅游资源，也是具有极大吸引力的"特意性"旅游目的地。

近年来，贵州深入贯彻落实总书记重要指示要求，依托得天独厚的"公园省"优势，把旅游产业化作为"四化"的重要一环，加快建设多彩贵州旅游强省，努力打造国际一流山地旅游目的地和国内一流度假康养目的地，初步实现了做大旅游业的目标。当前，贵州已进入全方位推动高质量发展的新阶段，交通格局、区位格局、开放格局持续优化，旅游产业化面临许多新的机遇和挑战。如何以世界级标准开发世界级旅游资源、打造世界级旅游景区，加快把贵州建设成为世界级旅游目的地，是值得深入思考的重大课题。

围绕亮点看大会

根据新闻发布会的介绍，此次旅发大会，将突出产业大招商、突出创新融合、突出存量项目盘活、突出游客参与互动，因此有媒体说"第十七届贵州旅游产业发展大会呈现四大亮点"。这些亮点，是从大会的具体议程及内容中提炼出来的。

这次旅发大会，是在党的二十大、省第十三次党代会和省委经济工作会后召开的，也是继2023年全省项目观摩暨"四新""四化"重大项目建设推进大会、贵州省党政代表团赴广东省和广西壮族自治区学习考察后贵州省举办的又一次重大开放活动。大会突出开放办会、创新办会、务实办会，策划了贵州文化旅游产业招商大会、全国盘活旅游存量资产投融资促进活动、贵州文旅专题招商项目对接交流会及招商考察，文旅融合创新平台组建与发展论坛，贵州文旅知识趣味挑战大赛等活动。值得一提的是，在受邀参会的人员中，企业代表占邀请总数的80%以上，而且活动期间要"推介一批、签约一批、考察洽谈一批重点文旅项目"。

这些议程和活动的设置，充分运用旅游经济发展规律，客商和游客共举、投资和消费并重、供给和需求对接，紧扣文旅融合这个根本、流量质量"两大提升"这个目标、"资源、客源、服务"三大要素以及旅游产业化"四大行动"，体现了产业化、市场化、专业化的办会思路，也是文旅行业落实产业为先、项目为王、效益为本要求的具体举措。可以预见，大会将会办成一次高质量的旅游产业招商会、项目推介会、行业交流会。

围绕时点看大会

这次旅发大会有一个相对特殊的背景，那就是"疫去春来"，旅游业"满血"复活、从业者"跑步"回归的大好形势。新闻发布会上，有负责同志回答记者提问时说，2022年受疫情影响，故而将这一盛会延期到2023年举办。大会于此时举办，可以为加快恢复的旅游业再添一把火。

疫情三年，市场需求被严重抑制，文旅行业损失惨重。当前，随着疫情防控进入新阶段，市场需求逐步释放，一些城市和旅游景区看到了复苏迹象甚至迎来了报复性增长，业界普遍对旅游业未来发展充满关注和期待。旅发大会的召开，有利于顺应旅游业回暖趋势并创造新的机遇，实现旅游人次、旅游收入和旅游及相关产业增加值新的增长，提振市场信心、带动投资复苏、促进高质量发展，在文化旅游全面恢复振兴中实现新的领跑和跨越。

当此疫后"重新起跑"、千帆竞发之际，不进则退，慢进也是退。大会之前，贵州由省领导率队，赴珠三角、长三角等重点城市客源市场开展了文化旅游推介活动，各地文旅行业也主动出击、紧盯重点客源强化营销，以强烈的危机意识"卷"出了新高度，有效预热了旅游市场，春节假期贵州文旅市场快速复苏，春季旅游特别是赏花游热度高涨，旅游经济复苏迎来新的希望。

围绕承办地点看大会

这次旅发大会将在贵阳市花溪区召开，大会开幕式将在青岩古镇举办。一次旅发大会，就是一次聚力发展。承办旅发大会，对于承办地的基础设施、产品业态、品牌形象和队伍建设都是一次检验和推动。

贵阳市有关负责同志介绍了当地筹备和迎接旅发大会的主要做法，即聚焦"服务发展"、精致办会，聚焦"热情暖心"、精细办会，聚焦"数字应用"、精美办会，聚焦"玩法升级"、精彩办会，聚焦"产业招商"、精准办会。这些介绍，让我们看到了旅发大会的推动力带动力，彰显了文化旅游在"强省会"中的重要作用，展示了"中国数谷"文化和科技融合发展的有益探索，又一次擦亮了"多彩贵州""爽爽贵阳"文旅品牌，也让我们感受到了全市上下凝心、聚力、干事、创业的精气神。

开幕式会场所在地青岩古镇，更是一派热火朝天的繁忙景象，一边是忙而有序地推动夜间亮化、演艺打磨、业态提升等工程，一边则是古镇街道人头攒动、游人如织的旅游市场复苏景象。相信通过此次大会的推动，古镇一定更有生命、有生活、有生气和有生意，成为一个生机活力迸发、生活气息浓郁、文化特色鲜明、产业集群发展的贵州旅游窗口。

当然，大会不管有多少看点，最终都要用大会取得的实实在在的成果来说话。让我们一起预祝大会圆满召开，成为一届成果丰硕的大会吧！

岳江山　执笔

2023 年 4 月 5 日

丹寨万达小镇实现客流量逆势增长，她做对了啥

> 文化是旅游的灵魂，旅游是文化的翅膀。面对文旅融合这一滚滚大势，丹寨万达小镇坚持"宜融则融、能融尽融"，力求找准文化和旅游产业的最大公约数、最佳连接点，写好"以文塑旅、以旅彰文"的大文章。

"再没有一个小镇能将东方美讲述得如此传神。"这是头部流量达人"房琪 Kiki"眼中的丹寨万达小镇，让小镇"圈粉"无数。2022 年，丹寨万达小镇客流量达 683 万人次，比 2021 年增长 0.1%，成为全国旅游景区中罕有实现客流正增长的大型旅游景区。2023 年春节假期，小镇凭借浓厚的新春氛围，再次成为国内热门景区，春节整体客流比 2022 年上涨 70%，超越 2019 年同期 10 个百分点，延续火热态势。

文旅部网站国内旅游抽样调查统计结果显示，2022 年，国内旅游总人次、国内旅游收入（旅游总消费）分别同比下

降 22.1%、30.0%。在受到疫情影响、行业普遍遭遇经营困难的大环境下，丹寨万达小镇却能实现客流的逆势增长，成为游客眼中"有生命、有生活、有生气、有生意"的模范景区，她做对了啥？

一

"活动经济"在这儿有点火。活动自带流量。2022 年，丹寨万达小镇秉承"文化赋新内涵、活动赋能景区"的理念，在有效做好疫情防控工作的同时，精准分析客源，聚焦旅行社、团建、研学教培、赛事运动热衷者、民间运动爱好者、亲子家庭、婚宴等重点客群和新兴客群，设计开展丰富多彩的特色活动，做到了周周有活动、月月有精彩，全年先后举办 210 场活动。从年头到年尾，从小镇到景区，新春温泉欢乐季、杜鹃花旅游节、周年庆、烟花秀、昆仑决青少年搏击联赛、萌宠主题世界、万人长桌宴等一系列特色活动相继登场，不断为游客带来精彩和快乐。许多游客特地慕名前来参加活动，如端午节期间，小镇推出了千人包粽子、特色温泉、小丑嘉年华、昆虫奇妙世界等活动，吸引了老、中、青不同年龄阶层的游客前来打卡游玩。一些活动更是现场火爆，如丹寨万达小镇五周年庆活动，客流达 17.6 万人次，同 2021 年相比增长 59%。2022 年苗年文化节活动，客流达 17.3 万人次，同 2021 年相比增加 147%。

二

　　文旅融合在这儿有点潮。文化是旅游的灵魂，旅游是文化的翅膀。面对文旅融合这一滚滚大势，丹寨万达小镇坚持"宜融则融、能融尽融"，力求找准文化和旅游产业的最大公约数、最佳连接点，写好"以文塑旅、以旅彰文"的大文章。小镇充分发挥非遗资源富集的优势，深入挖掘古纸文化、鸟笼文化、蜡染文化、银饰文化等非遗元素，创新丰富古法造纸、苗绣、蜡染、银饰等非遗体验业态。在这里，非遗既好看又好玩，游客不仅可以一睹非遗的风采，还可以亲身体验非遗技艺，制作属于自己独一无二的特色工艺品，非遗文化真正实现了"活"起来、"潮"起来。小镇充分挖掘斗牛、少数民族歌舞、民间篮球活动等地方元素，策划举办牛霸天下大赛、丹寨超级篮球公开赛、多彩踏歌行文艺汇演等大型文体活动，逐步形成小镇度假新 IP。在这里，文体旅活动好戏连台，游客尽享文化大餐。同时，小镇围绕"度假到丹寨"品牌建设，全面打造温泉酒店、体育乐园、湖畔星空夜市街、湖畔星空露营地等配套设施和旅游业态，让游客"来了就不想走"，有力激活了夜经济。丹寨万达小镇成为"流光溢彩夜贵州"的一颗璀璨明星。

三

宣传营销在这儿有点新。流量经济时代，景区不仅要"做得好"，还要"说得好"。2022年，丹寨万达小镇线上线下营销齐上阵、形式内容勇创新。邀请"房琪Kiki""幻想家""壶提提"等多位头部流量达人开展度假体验、发表非遗文化的视频、直播推广，在各大流量平台和OTA平台形成了较高的播放量和曝光量，"杜鹃花旅游节、丹寨万达小镇烟花秀、丹寨斗牛大赛、丹寨超级篮球公开赛"等热点话题在抖音平台播放量达8000万次。线上宣传火了，线下营销也要跟得上。小镇融合市场活动助力商家经营，通过发放踏青消费券、杜鹃花周年庆消费券、金秋消费券以及探店直播、直播带货、依托"度假到丹寨"小程序举办云端好物节等多种手段增加商户黏性，帮助市场主体提振经营信心，有效增加销售额，积极应对疫情影响。2022年，丹寨万达小镇整体接待和消费水平各节点活动数据大幅提升，充满了浓浓的烟火气。

四

过去的三年由于疫情的影响，旅游业可以说如临寒冬。丹寨万达小镇呈现出的勃勃生机，犹如寒冬里一道温暖的光。

它启示我们，越是面对困难和挑战，越要坚定信心、保持定力、积极行动，靠奋斗创造人间奇迹；创新才能有前途、有出路。面对困局，要敢于打破思维定式和路径依赖，大胆创新、不懈创新，以创新驱动发展，靠创新赢得机遇、赢得主动、赢得未来；善于把握时代潮流，积极识变求变应变，才能成为发展的引领者、时代的弄潮儿。疫情三年，人们的旅行活动虽然大大减少了，但贵州并未停止旅游发展的步伐，而是利用旅游变革调整期苦练内功，不断提升旅游的内涵品质和服务水平。当前，旅游市场正逐渐复苏，广大游客出行的热情逐渐被点燃。贵州已经做好了迎接各方游客的准备，正以更具魅力、更加迷人的姿态，迎接各方游客到贵州纵情山水之乐、体验独特美丽、感悟天人合一。

王娅　蔡鹏　执笔

2023 年 2 月 3 日

文旅局长们"内卷",我们思考点啥

> 细析文旅局长"内卷"的那一帧帧美图,不用费太多劲去研究,都可以看见老天爷赐予当地的优美自然风光、察觉到老祖宗留下的特有文化遗产,这些都是文旅局长们有意要留给大家的"美丽印象"。

"内卷",是一个网络流行语。

近年来,多地文旅局长纷纷"乔装打扮""粉墨登场",通过手机"小视频"登上了网络"大平台",时而玩起"时空穿越",时而展示"独有风情",引起广泛关注和转发。网友们观看之余有戏谑打趣的、有加油鼓劲的,当然也不乏"喝倒彩"的,氛围很热闹、评论很有趣。大家形象地说文旅局长们"卷"起来了,或者说文旅局长们太"卷"了,还不忘"@"所在地文旅局长也快点"卷起来、卷起来"。

文旅局长们"内卷"这事本身是不是开"卷"有益,目前尚无权威机构"下定论",网友评价也是"褒贬不一""好坏参半",正所谓仁者见仁、智者见智。但热闹的背后,有几个"醒"值得一"提",也算是供参考的"冷思考"吧!

一

文旅局长"内卷"的背后,是自媒体浪潮汹涌澎湃,更是新一轮科技革命对诸多行业的重新洗牌。

事出皆有因。全国上下各行各业主管部门的大小局长不计其数,为什么文旅局长们在自媒体领域的"拼杀"比其他局长激烈呢?因为文旅产业是"眼球经济""流量经济",不拼不行。为什么是这些年看见拼而以前就没怎么看见呢?因为以前的"拼杀"多在线下,不容易看见,现在的"拼杀"搬上了网络、走进了移动互联设备特别是手机,随时随地一触即达。

这一"内卷"告诉我们,新一轮科技革命已经带来了传播格局的深刻变革。自媒体等新应用新业态不断涌现,小视频、微信号等网络媒体以其跨时空、大容量、开放性、交互性、移动化等传播特点,成为信息传播的主渠道、主平台。不仅文旅推介产生颠覆性变化,就是整个文旅行业都必须顺应文化和科技融合这个方向性融合,推动主力军挺进主战场,方能守住主阵地、赢得主动权。

据中国互联网络信息中心新近发布的《中国互联网络发

展状况统计报告》显示，截至2022年12月，我国网民规模达10.67亿，短视频用户规模快速增长，首次突破10亿，用户使用率高达94.8%。在此背景下，信息如何传播、产业往哪里发展，是我们必须深思的问题。

二

文旅局长"内卷"的背后，是当地独有文化资源的强力支撑，告诉我们文旅融合势不可挡。

细析文旅局长"内卷"的那一帧帧美图，不用费太多劲去研究，都可以看见老天爷赐予当地的优美自然风光、察觉到老祖宗留下的特有文化遗产，这些都是文旅局长们有意要留给大家的"美丽印象"。比如，伊人红妆策马奔腾的伊犁贺姣龙，变身侠客纵横江湖的甘孜刘洪，"辣眼睛"却与山水人文"交相辉映"的随州解伟，贵州大方吴娇娇、松桃喻婧，等等，从多角度展示当地民族民风，无一不是在用"文化"的家底做旅游的文章。

在刚刚过去的春节长假，旅游复苏态势迅猛，一些文化底蕴深厚的城市和景区更是人潮涌动、生机勃勃，都向我们传递一个信息，那就是文旅融合势不可挡。早在2015年，习近平总书记在贵州考察时，就要求贵州"要把旅游业做大做强，丰富旅游生态和人文内涵"。党的二十大报告鲜明强调：

"以文塑旅、以旅彰文，推进文化和旅游深度融合发展。"我们要坚持以文旅融合为根本，推进旅游业高质量发展，才能更好满足人民群众对"诗和远方"的期待。

"旅之无文，行之不远。"做旅游、兴旅游、强旅游，我们需要为其插上文化的翅膀。

三

文旅局长"内卷"的背后，有大量物质和精神都日益富有的"粉丝"关注。"关注"也是一种力量，大众旅游需要大众推动。

观看文旅局长"内卷"小视频的人们，很多不纯粹是来看热闹。特别是与视频相关的评论中，我们可以看到许多有思考、有见地的想法和建议，"内卷"的局长们应该也看到了。近期，一些媒体和专业人士更是提出了"引流之后该怎么做？""流量'狂飙'，然后呢？"等问题。多年前，旅游部门和专家还要花费大量人力物力去景区邀请游客填写各种调查问卷、询问这样那样的问题，与之相比，针对局长们的短视频留下的评论就显得更真实更鲜活更有意思了。

回头一看，早在2016年的国务院政府工作报告中就提出："落实带薪休假制度，加强旅游交通、景区景点、自驾车营地等设施建设，规范旅游市场秩序，迎接正在兴起的大众旅游时代。"如果说当时大众旅游时代"正在兴起",那么历经七八年时间特别是全面建成小康社会后的今天,旅游已经走进千家万户,成为"刚性"需求,大众旅游时代应该"抵达"了。

从视频的点击量和留言评价中不难发现,广大群众日益关注旅游,你言我语、各抒己见,或许其中正是对旅游产品多元化、旅游服务高品质的需求和呼声,每一个"粉丝"都是推动旅游提质的"小马达"和鲜活细胞。

四

文旅局长"内卷"的背后,透露着疫后旅游复苏的一线曙光,也提醒我们文旅市场竞争必将更加激烈。

全国各地文旅局长拍摄短视频宣传推介,从最初的"一枝独秀"到"多点爆发",现在已经大有燎原之势,既体现了文旅局长们的思路和做法,也释放了文旅市场竞争日趋激烈的强烈信号。

疫情三年,市场需求被严重抑制,各地文旅行业损失惨重。随着疫情防控措施优化调整,市场需求被逐步释放,甚至迎来了报复性增长,一些城市和旅游景区开始复苏,业界普遍对旅游业未来发展充满关注和期待。之前疫情的不确定性,以及疫情留下的"阴影",迫使各地特别是文旅局长们采取"超常规"举措,抢抓加快复苏的"窗口期",拼尽全力为当地文旅行业"回血"。

当前,随着疫情防控进入新阶段,复工复产加快,复商复市回暖,生产生活秩序加快恢复正常,活力在释放,机遇在增多。当此疫后"重新起跑"、千帆竞发之际,不进则退,慢进也是退。如此形势,更加剧了文旅局长们的"危机感",所以"抛头露面"、不惜"个人形象"、上台疯狂比拼也就在所难免了。

五

文旅局长"内卷"的背后,是新形势对文旅从业人员能力素质的最新考验,优胜劣汰的道理恒久不变。

在传统的认知里,旅游行业就是一个服务行业,与高科技产业相比对从业人员素质的要求不高。但术业有专攻,每一个行业都需要相应的核心竞争力。这些"出圈"的文旅局长,如果没有学习的主动性、不能与时俱进提升自我,当下的"走红"恐怕很难持续,挣来的"流量"只怕也难兑现。就像早期活跃的一些所谓"网红",特别是那些仅仅是记录生活、缺少文化加持的短视频,终将是"昙花一现",没有恒久的生命力和吸引力。

马克思主义告诉我们,生产力决定生产关系,每一次生产力的进步,都将推动生产关系发生巨大变革,也会造成一轮接一轮的从业人员优胜劣汰。随着新一轮科技革命的持续深化,随着民众素质和游客需求的不断升级,对旅游产品业态、公共服务、经营方式均会产生革命性影响,倒逼从业人员不断增强自身素质,唯有如此,才能更好满足人民群众多样化、高品质的精神文化需求。

"立身百行,以学为基。"文旅从业人员要从"内卷"之中看出点"道道",强化"本领恐慌"意识,紧紧围绕政治大局、发展时局、社会全局、国际变局、科技格局抓学习,持续开阔视野、增进修养、提升素质,更好适应新形势、新任务,争做行家里手。

这一场文旅局长的"内卷"风,能否催生一些新变化新事物,还有待关注和观察。"一千个读者就有一千个哈姆雷特"。文旅局长们"内卷",我们思考的就是这些了,你呢?

周江 岳江山 执笔

2023 年 3 月 7 日

坚决铲除"强迫消费"的土壤

> 要顺应以数字技术为代表的新一轮信息技术革命浪潮，把旅游经营活动全过程置于群众监督之下，让"强迫消费"无处可藏。

2023年3月17日，一则标注为海南某地"导游因游客未购物恶劣态度对待游客"的视频在媒体传播并引发广泛关注。3月18日，海口市旅游综合整治办公室通过媒体发布了"关于'导游因游客未购物大骂游客'调查情况的通报"，实施"责成旅行社和涉事导游杨某某向游客赔礼道歉"，"对涉事导游杨某某作出罚款5万元的顶格行政处罚，吊销杨某某导游证"等处理，网友评价"干得漂亮""大快人心"。

仅仅两天，这件事就有了结果、尘埃落定。可以用一个"快"字来对这一过程进行总结。这个"快"，可解读为发酵传播之"快"，可理解为调查处理之"快"，还可认为是公众人心之"快"。第一个"快"更多在于科技力量的推动，第二个"快"更多代表着相关部门的行政效率，第三个"快"

则反映着民心所向、是"拍手称快"之"快"。

在互联网高度发达和群众法治意识、维权意识不断强化的今天，在大众旅游繁荣发展、各地高压整治旅游市场的当下，"强迫消费"等旅游违法违规行为早已是过街老鼠、人人喊打。"今日我们不发声，他日无人为我们呐喊"。不管是旅游者、经营者还是监管者都要积极行动起来，坚决铲除"强迫消费"的土壤，让其无法生长、无处遁形。

要顺应以数字技术为代表的新一轮信息技术革命浪潮，把旅游经营活动全过程置于群众监督之下，让"强迫消费"无处可藏

多年前，很多地方小偷出没、盗窃成灾，但自从有了疏而不漏的"天网"工程、无须现金的电子支付特别是移动支付出现后，小偷似乎都弃恶从善了。这当中，首要原因当然是"国泰而民安""礼义生于富足"，但科技发挥的作用也极为关键。

近些年来的"天价虾""天价鱼""天价药""天价玉""天价房""出租车宰客"等负面舆情，几乎都是通过手机拍摄上传至互联网、然后引发关注和热议，进而惩恶扬善、推动问题解决，由此也加快了社会向上、向善、向好的步伐。

随着信息技术革命的深入推进，无形中赋予了旅游者"无边的自由",一方面让出游更智慧,掌握信息更便捷,自驾游、自助游广泛普及,慢慢地无须他人导游;另一方面,也让游客有了一款监督服务者的利器,任何出言不逊和行为不端都有可能被录音录像,并迅速上网、全面曝光、公之于众,如此架势,谁敢铤而走险?科技改善了我们的生活,也必将在旅游行业掀起更大的波澜、发挥更大的作用,推动旅游业更加规范有序发展。

要不断增强全社会法治意识和维权意识,鼓励和支持每一位游客依法维护自身合法权益,敢对"强迫消费"说不

党的十八大以来,全面依法治国深入推进,法治社会建设不断深化,全社会法治意识和消费者维权意识明显提升,维护自身合法权益不受侵犯日益成为广大群众及消费者的自觉行动。

在旅游领域,除广泛开展的行业普法活动外,几乎每个节假日前,文化旅游主管部门都要发布旅游提示,向广大群众及游客广泛揭露花样百出的消费陷阱,告知"不合理低价游""零负团费"等违法违规行为以不实价格招揽游客、以不实宣传诱导消费、以不正当竞争扰乱市场的本质和危害,提示文明出行、理性消费,引导合理、合法、理性维权。在贵州,自 2017 年开始,就开展了多彩贵州满意旅游痛客行活动，鼓励广大游客和群众投诉举报旅游中发现和遭遇的痛点，对经过核实的提供线索的游客和群众给予重奖，把广大游客变成贵州满意旅游的监督员、良好形象的传播者。

只要广大群众及游客遭遇不法侵害时，都敢于拿起法律的武器、通过合法的途径维护自身权益，我们坚信，诱导或"强迫消费"就一定没有生长的土壤、没有生存的空间。

要以决不护短、决不手软的鲜明态度，严厉打击低价游等旅游违法违规行为，坚决维护旅游业发展的蓝天净土

旅游业是流量经济、眼球经济、形象经济。当前，民众出游需求在持续释放，与此同时旅游行业竞争也在加剧，文旅局长们使尽浑身解数"疯狂内卷"，目的都是打造品牌、引起关注、吸引游客。

相对于塑造品牌的一路艰辛，"砸牌子"就容易多了。一些知名旅游目的地品牌形象往往因为个别人员"强买强卖""欺客宰客"的恶劣行径而毁于一旦。各地都认识到这个道理，均表示要坚决铲除"强迫消费"的毒瘤，坚决维护旅游业发展良好秩序。海口市旅游和文化广电体育局联合海口市综合行政执法局迅速调查处置，对涉事导游及旅行社做出"顶格处罚"，就是一例。甘孜网红局长霸气回应游客遭商家辱骂一事说："如果是谁砸了甘孜旅游的锅，我一定砸了他的饭碗"。

前车之覆，后车之鉴。我们要引以为戒，坚持疏堵结合、多方联动、扶正祛邪、守正创新，依法依规重拳出击，以"零容忍"的坚决态度，对"不合理低价游"、导游诱导或强迫消费、购物店和餐饮店等欺客宰客行为露头就打、从严整治，积极回应社会关切、群众期盼，为旅游复苏、高质量发展保驾护航。

岳江山　周江　执笔

2023 年 3 月 21 日

贵州民宿，为你提供诗意栖居之选

> "民宿"之所以特别，关键在于一个"民"字，在于"Family""House"的主人文化。实践中，这个"民"很多时候也在扩大为民族民风民俗民居之"民"。民宿从主题选择、建筑风格、装修装潢到配套设施，都要顺天应民、道法自然、因地制宜，力求匠心独运、别具一格，让人记得住、愿意来。

按照《旅游民宿基本要求与等级划分》（GB/T GB/T 41648-2022），旅游民宿是利用当地民居等相关闲置资源，主人参与接待，为游客提供体验当地自然、文化与生产生活方式的小型住宿设施。在人们的日常交流中，民宿和旅游民宿的概念似乎并无严格区别，且随着时代发展和市场变化，民宿的内涵和外延还在不断丰富和拓展之中。

在多元化旅游需求和多样化旅游产品供给迭代升级的联

合驱动下，民宿逐渐从住宿行业的"替补"成长为"新秀"，已经从少数背包客的"私人订制"，走进了大众游客的"日常选择"，承载了许多人的"世外桃源之梦"。所以，民宿"体量体型"虽小、意涵效用颇大。

后疫情时代，旅游复苏态势强劲，可以预见，民宿也将迎来新一轮发展。贵州应时而动、顺势而为，印发实施了《关于促进贵州民宿产业高质量发展的指导意见》，明确提出了一系列发展任务，必将引领和推动贵州民宿实现新的发展，更好地为广大群众及游客提供"望得见山，看得见水，记得住乡愁"的诗意栖居之选。

一

在传统的旅游六要素中，"住"是极其重要的一方面。随着城镇化率的提高、群众生活品质的提升、交通条件的持续改善和互联网的广泛普及，人们愿意而且可以更加方便地走进田园、亲近自然，去享受"慢生活"，在这一需求促进下，民宿及乡村酒店、客栈等呈现异军突起和加快发展的态势，从多方面改变了住宿业原来的面貌。

——显著改变了住宿业的类型结构。据文化和旅游部公布的数据，2021年全国星级饭店为8771家，而这一数据在2012年是11367家。相比星级饭店数量的萎缩，有报道称从

2016年以来的几年里，中国民宿数量增加了数倍、势头十分强劲。从无到有、从少到多，民宿等"非标"住宿在整个住宿业中的"分量"在加重。

——显著改变了住宿业的城乡格局。与星级饭店等标准化住宿多坐落于城镇建成区相比，除一些城市民宿外，很多民宿和客栈都建设在郊区和乡村，一些特别的民宿或乡村酒店、客栈甚至走进了深山老林、落在了悬崖之上，深入了遥远的小山村和大自然。

——显著改变了住宿业的功能特征。民宿最初的功能就是为游人提供住宿。但是，随着旅游业的发展，民宿因其家的味道、民的淳朴、村的宁静，特别是不断融合后催生的民宿＋非遗、＋康养、＋研学等产品，日益受到欢迎，让住宿逐渐从旅游的服务设施演化为具有住吃游购娱等多功能特征的"特殊吸引物"。

——显著改善了住宿业的服务品质。随着人们生活水平的提高，亲子游、休闲游、研学游风靡当下，乡村游、近郊游、省内游成为家常，传统的农家乐已经很难满足游客深度融入乡间、亲近乡野、寻觅乡愁的需求。民宿适应了这一趋势、优化了相应供给，大大提升了旅游服务特别是乡村旅游服务品质。

二

民宿业是体现贵州"大公园"和"大观园"竞争优势的一

个领域，也极有可能成为贵州旅游有特色有亮点的一个领域。在民宿大发展的潮流下，贵州拥有自然珍宝和文化瑰宝，具有得天独厚的优势和乘势而上的条件，民宿产业大有可为、前景可期。

绿水青山的生态底色，让贵州民宿备受青睐。"鱼逐水草而居，鸟择良木而栖。"如果其他条件相差不大，谁都愿意到拥有绿水青山的地方投资、发展、工作、生活、旅游。多彩贵州生机盎然，奇山秀水遍布全域，凉爽的天气、清新的空气"日用而不觉"。

多姿多彩的文化氛围，让贵州民宿格外耀眼。千百年来，18个世居民族在这里依山而居、傍水栖息、和睦相处、繁衍生息，创造出独特的民族文化奇观。这里还孕育了以阳明文化、屯堡文化为代表的中华优秀传统文化，拥有以黎平会议、遵义会议、四渡赤水、娄山关大捷等为代表的红色文化资源。入住一家藏在村寨里的民宿，比如，安顺匠庐·村晓、兴义万峰林远方的家、荔波瑶池·小七孔民宿等，能让你在浓郁的民风民俗中深刻感悟"结庐在人境，而无车马喧"的意境，还可以住进"长征路上好民宿"，重温那段苦难辉煌的峥嵘岁月。

超级工程的重磅加持，让贵州民宿锦上添花。以大射电望远镜"中国天眼"、北盘江大桥等为代表的世界级重大工程折射出贵州发展的高度速度，展示着中国大地发生的天翻地覆的变化，震撼着世人的心灵。入住一家中国天眼景区和平塘天文小镇附近的民宿及客栈，比如光年之外，你可以尽情憧憬无限未知的浩瀚星河。在安顺匠庐·阅山、文凡·峤山等民宿，桥的宏伟、山的壮丽可以一览无余。

方便快捷的大交通和广泛普及的互联网，让贵州民宿可望可及。新时代以来，贵州交通事业取得历史性成就，在西部地区率先实现县县通高速，率先实现村村通硬化路、村村通客运。有形的道路加上无形的网络，让贵州乡村的可进入性、通达性得到极大改善，资源优势充分彰显，也让民宿产品的供给和需求实现精准对接，不需要像传统酒店一样去等待"机会"游客。路通了、联网了，一些偏远的村庄慢慢迎来了不少"旅居者"，"竹篱茅舍外，忽见野梅开"的美好景象令人流连忘返。

三

贵州是全国最早开展乡村旅游的省份之一，民宿发展具有一定基础。当前，民众出游需求在持续释放，旅游及民宿行业竞争也在加剧。如何进一步发挥优势、直面挑战，抢抓旅游业疫后"重新起跑"的窗口期，促进贵州民宿产业高质量发展，是一道摆在我们面前亟待回答且必须答好的题目。

下好优化布局的先手棋。在贵州印发的指导意见中，主要任务第一项就是"统筹规划建设"，要求加强规划引领，明确发展定位，发挥各自优势，在重点区域布局民宿，就是把谋好篇、布好局作为前置条件，以免盲目扩张、无序发展，更好地推动民宿业以"点上突破"带动"满盘皆活"。

做好彰显特色的大文章。"民宿"之所以特别，关键在于一个"民"字，在于"Family""House"的主人文化。实践中，这个"民"很多时候也在扩大为民族民风民俗民居之"民"。民宿从主题选择、建筑风格、装修装潢到配套设施，都要"顺天应民"、道法自然、因地制宜，力求匠心独运、别具一格，让人记得住、愿意来。

打好规范发展的主动仗。民宿需要强调特色、突出个性，但并非排斥规范，同样需要标准，特别是环境卫生、安全监管、行业管理、数据统计等方面尤其需要规范。在全国层面，《旅游民宿基本要求与等级划分》已上升为"国标"。要结合贵州实际，抓紧编制出台《贵州民宿质量等级划分与评定》地方标准，引导民宿业向规范化、标准化、品牌化方向转型升级。

守好安全发展的生命线。贵州省古村古寨古民居遍布全省，这既为民宿发展提供了良好条件，也因木质结构建筑多而存在不少消防隐患。与此同时，和全国许多地方一样，民宿发展还面临治安、食品、防灾等方面的问题，要加快建立健全相应工作机制和管理制度，推动民宿健康、安全、高质量发展。

汪帆　胡松　执笔
2023 年 3 月 20 日

"平平无奇"的油菜花缘何"惊艳出圈"

> 花开遍地,"吆喝声"起!贵州各地开启"卖风景"模式,以油菜花为主要"商品"的"赏花市场"开始"燥起来"。

春光千色,半壁是金黄。

近段时间,贵州各地纷纷推出赏花打卡地,真人口播出镜、航拍穿越记录、vlog叙事讲述……"万花"丛中,"平平无奇"的油菜花强势"出圈",美到"封神"。

贵州是全国油菜主产区之一,油菜种植面积常年稳定在700万亩以上,位列全国第五位,去冬今春更是达到837万亩。"八山一水一分田""寸土寸金"的贵州几乎倾尽最好的耕地种植油菜,有人不禁要问——何出此举?

一方面,国无农不稳,农以种为先。保障食用植物油供给总量,是为国之大计,必须通过大力发展食用油料作物种植,坚决把"油瓶子"牢牢攥在自己手上。做到保"食量"、增"产量"、提"质量"。

另一方面，立足加快农业产业化转型升级、与旅游产业化融合发展，有必要深耕油菜"赏花经济"，深挖油菜产业链潜力，提升油菜种植综合效益。所谓始于"颜值"、成于"产值"、终于"价值"。

一

据有关资料记载，我国是世界上栽培油菜最古老的国家之一，在8000多年前甘肃大地湾遗址和6800年前陕西西安半坡遗址均发现炭化菜籽遗存，起初以"菜用"为主，直到宋代，才见用油菜籽榨油的记载，且至清末民初种植规模和菜籽单产均不大，1949年我国油菜籽亩均产也只有三十几公斤。

1949年后，我国极度重视植物食用油供给，大力推广油菜种植，到20世纪90年代末种植面积达到1亿亩（1亩≈666.67平方米）。其中贵州省超过650万亩，但亩产油菜籽也仅90公斤左右。多年来，贵州从国家战略高度，坚持抓牢食用油供给安全，大力推广良种良法，藏油于技，油菜籽亩产量逐年提升，2022年，全省油菜籽产量94.28万吨，平均亩产124.54公斤，但是收益不高，若按2022年油菜籽收购价计算，每亩产值不到1000元。

笔者认为，让油菜产业"增值"，同样需要"延链、补链、强链"，既将其果"吃干榨尽"，又以其花"赏心悦目"，打好农旅"融合牌"，大力发展"赏花经济"，促进"钱""景"双收。这方面，贵州其实有很大优势。

布局广。低头见花海，抬眼皆春色。全省88个县（市、区）油菜种植全覆盖，城郊、乡村、梯田、坝区、高山、河岸均有不同程度分布，有油菜花的地方，皆可是赏花"打卡点"。

成规模。独秀难成景，齐放满目春。基于保障粮油供给安全，贵州大力推广"粮油轮作"模式，把面积最大、肥力最好的耕地集中种粮食和油菜，全省5000亩以上耕地坝区共129个，坝区内耕地面积199.93万亩，2022年建成高标准农田266.2万亩，为油菜规模化种植累积了雄厚"底子"。

基础牢。县县通高速，村村通公路。截至2022年底，全省公路总里程达20.96万公里，其中高速公路通车里程8331公里、农村公路17.51万公里；铁路建成规模4019公里，铁路通县55个，高铁通县36个……"硬核"的交通基础设施，让游客更便捷抵达油菜花田，甚至在高铁列车上就能看"豁皮"。

有新意。不依旧样，别出心裁。各地创新景观设计，提升颜值水平，让油菜花锦上添"花"，已形成安顺龙宫景区"龙字田"、仁怀市坛厂镇"八卦园"、桐梓狮溪"中国方竹之乡"、贵定"金海雪山"及碧江区瓦屋农耕彩绘等代表性景点，有条件的地区还推出骑行、露营、滑翔伞、摩天轮、热气球、花海小火车、观光直升机以及农耕研学等体验项目，不断"赏"出新业态。

二

花开遍地，"吆喝声"起！贵州各地开启"卖风景"模式，以油菜花为主要"商品"的"赏花市场"开始"燥起来"。

"风景"怎么卖？各有各的"招"。

一种是搭"台"卖。围绕春赏油菜花这一主题，精选示范点举办相关节庆活动、推介活动，并配套推出各类游玩项目、特色展演等，以"招徕"客人。比如贵州省2023年最美油菜花海发布暨特色农产品推介活动，10个贵州最美油菜花海争奇竞秀、10条贵州美丽乡村休闲旅游精品景点线路串珠成链；又如2023汇川区春季赏花游文体旅活动，大娄山下田园铺金、三衢庄坝高铁穿越、"青瓦白墙"写满乡愁，勾勒美丽乡村新画卷；还有正安县第二届油菜花乡村旅游文化节，千亩梯田，花海荡漾，信步山间、馥郁芬芳，吉他响起，聆听花开的声音……

一种是搭"车"卖。以景区为龙头，辐射带动周边油菜花观赏地成为新的旅游消费市场，"成名"后的油菜花田作为景区新"卖点"，持续提升人气，还能拉动当地群众增收致富。兴义万峰林景区，老早就是贵州旅游的一张靓丽名片，油菜花海亦是"圈粉"无数。然而，该景区规模化种植油菜却在2015年，8年来，种植面积稳定在6000亩以上，借助景区名气，花海景观很快"大红大紫"，带动4000多户农户增收，同时有了油菜花景观"加持"，"万峰林"也更加声名远播。凤冈县新建镇AAA景区长碛古寨，仅种植600余亩油菜花，由于景区拥有比较成熟的住宿、购物等配套，来此处赏花的游客依然络绎不绝，2月以来已超过12万人次，猛增的客流也为当地村民拓宽了增收渠道，几家农家乐日进账3000多元、小超市每天营业额也能超过1000元。

一种是搭"桥"卖。官方媒体引领主流、自媒体各展所长，不断输出优质内容，最大限度发挥社交媒体平台传播优势，使其成为联通各地游客了解赏花打卡地的信息"桥梁"，吸引线上访客到线下消费。遵义市广播电视台派出新媒体采访团队，专题策划《一路生花》系列报道，以油菜花为"主角"，连续推出《VLOG——飞跃花田》《百里仁江·花漾汇川》《凤冈·长碛古寨，花开又一年！》《绥阳的油菜花开了》等"刷屏级"作品，得到多家央级新闻媒体转载，以汇川区三衙庄坝油菜花田为例，近段时间每天有1200余名线上"花粉"慕名赏花。正安县融媒体中心把吉他文化融入花海，以慢节奏文艺风格讲述《油菜花与吉他的故事》，娓娓呈现"田园治愈系"风景。此外，诸多短视频网红博主也发布作品、开启线上直播，持续为贵州油菜花海"引流"。

以观光农业撬动乡村旅游，"赏花经济"乘势上扬，迅速带动农家乐、乡村民宿、中蜂养殖等业态发展。

以花为媒，正安县杨兴镇举办赏花活动，上线首日接待游客5.8万人次，人均旅游消费280万元；绥阳县旺草镇晨光大坝油菜基地日均观光游客上千人，显著拉动镇上餐饮消费；播州区枫香镇苟坝村常年种植油菜1500亩以上，村民开办农家乐10余家，年均收入100余万元；贵定县以油菜花为蜜源发展蜜蜂养殖项目47个，带动2940户农户增收……当前，油菜产业全区域布局、全价值链挖掘、全产业链开发的"三全高效"模式正蓄势而发。

三

有花的地方就有江湖，这个春天，油菜花作为一朵"出山"多年的"老花"，既有蜡梅"争宠"，也有樱花"内卷"，还有桃李这样的小清新"搅局"，"出圈"路上，依然竞争激烈，如何继续扩大发展优势，笔者认为还需要在以下这些方面下功夫。

抓好稳产增收这个基本，坚定发展信心。解决好"谁来种"的问题，加大财政资金在油菜生产上的投入力度，支持机械化播、收，继续发放种植补贴，提高农民生产种植积极性，充分保障种植面积;解决好"怎么种"的问题,加大新品种、新技术推广运用力度,减少病虫害发生率,同时推动秸秆粉碎还田、堆积腐熟还田,改善耕地质量,提升单产水平。解决好"怎么卖"的问题,大力推广"公司+基地+农户"生产销售模式,保障收购价格,引进或自办食用油生产深加工企业,实现半数以上优质原料在本区域加工,着力提高品质、打造品牌、实现增值。

抓好示范引领这个重点,打造"流量景观"。基础设施当加快升级,依托高标准农田和美丽乡村建设,实施土地平整、灌排沟渠、田间道路等工程,建好观景平台和观赏步道,因地制宜打造油菜花观光带、示范点。景观设计当唯美唯实,各类创新创意应遵循农业生产规律,充分保障作物产量和品质,绝不盲目求特、求奇、博眼球;人居环境当整洁有序,持续开展农村环境卫生整治,积极培育乡风文明,引导村民崇德向善、自立自强、勤劳致富,形成良好的乡村旅游生态链,村美花香客自来。

抓好品牌塑造这个关键,讲好乡愁故事。文化自信是一个国家、一个民族发展中最基本、最深沉、最持久的力量。诸多经验表明,文化也能成为最持久的"流量",好的文学、文艺作品也能带货"破圈"。小学课文里,我们读到"桂林山水甲天下",庐山瀑布、苏州园林、滕王阁、岳阳楼等也因文学作品家喻户晓;影视剧、歌曲同样卓有成效,《似水年华》让乌镇一夜成名，《将夜》红了荔波小七孔，《去有风的地方》又给大理添了一把火。所以，一方面，我们要做足"油菜+"文章，继续丰富业态，延长花用、油用、蜜用等产业链条，不断提高综合效益。另一方面，借助融媒体传播手段继续扩大宣传声势，深耕文学、文艺创作，讲好"田园乡愁"故事，切实以文化塑品牌，做到景以文传、文以景扬，展示好多彩的民俗文化和靓丽的花海景观。

三月，一个充满希望的开端，奋进的春天如"约"而至，期待"平平无奇"却又"百看不厌"的油菜花书写农旅融合新奇迹。

姚浩 执笔

2023 年 3 月 31 日

求真尚行

宣传思想文化工作事关党的前途命运，事关国家长治久安，事关民族凝聚力和向心力，是一项极端重要的工作。理论的积淀，源于实践的积累；战略的清醒，离不开认识的精准。只有搞清楚弱项短板，才能找准改进方向；只有搞清楚目标任务，才能找准努力方向。面对新形势新任务，宣传思想文化工作始终围绕中心、服务大局，为全省高质量发展和现代化建设提供了坚强思想保证和强大精神力量。

贵州宣传工作面临哪些新使命新任务

> 在新的历史起点上，我们要加快补齐全省文化建设短板，推动文化事业和文化产业高质量发展，加大优质文化产品和服务供给，着力提升全省人民的文化涵养、精神境界。

以党的二十大为标志，宣传思想工作与党和国家各项工作一样，站在了新的历史起点上，进入了新的阶段，面临许多新使命新任务。全省宣传思想战线必须立足新方位、找准新坐标，抓住历史机遇，应对风险挑战，更好把握主基调、唱响主旋律，更好强信心、聚民心、暖人心、筑同心，全力以赴肩负起新形势赋予的新使命新任务。

一

从政治大局看，宣传思想战线肩负着更加有力有效引领全省人民衷心拥护"两个确立"、忠诚践行"两个维护"的新使命新任务。

新时代新征程上把中国特色社会主义事业推向前进，最紧要的是深刻领悟"两个确立"的决定性意义，增强"四个意识"、坚定"四个自信"、做到"两个维护"。习近平总书记对贵州工作特别关心、对贵州发展特别重视、对贵州人民特别厚爱，为新征程上的贵州擘画了发展蓝图、指明了前进方向。贵州之所以能创造赶超跨越的"黄金十年"，最根本在于有习近平总书记作为党中央的核心、全党的核心掌舵领航，在于有习近平新时代中国特色社会主义思想科学指引。在新的历史起点上，我们要把全省人民的共同思想基础筑得更牢，切实把感恩之心转化为维护之志、奋进之力，全力以赴把习近平总书记为贵州描绘的宏伟蓝图变为现实。

二

从发展时局看，宣传思想战线肩负着激发全省干部群众团结奋斗的精神力量的新使命新任务。

党的二十大擘画了全面建成社会主义现代化强国、以中国式现代化全面推进中华民族伟大复兴的宏伟蓝图。对贵州来讲，发展不足、质量不高的矛盾仍然突出，全面建设现代化任务十分艰巨，需要始终保持赶超之志、凝聚攻坚之力。

特别是在 2023 年这个开局起步的关键年份，迫切要求全战线更加有力有效围绕中心、服务大局，在新的历史起点上，加强正面舆论引导，着力提振发展信心，唱响团结奋斗的主旋律，把全省干部群众干事创业的精气神提振起来，加快推动贵州高质量发展实现新跨越。

三

从社会全局看，宣传思想战线肩负着更好满足全省人民群众精神文化需求的新使命新任务。

党的二十大作出了推进文化自信自强、铸就社会主义文化新辉煌的战略部署。当前，人民群众对精神文化生活更加看重，"村 BA"的火爆场景就是一个印证。总体而言，贵州省文化事业建设、文化产业发展与全省人民群众日益增长的文化需求还有差距。在新的历史起点上，我们要加快补齐全省文化建设短板，推动文化事业和文化产业高质量发展，加大优质文化产品和服务供给，着力提升全省人民的文化涵养、精神境界。

四

从国际变局看，宣传思想战线肩负着维护全省意识形态安全的新使命新任务。

随着世界进入新的动荡变革期，世界范围的意识形态斗争更加尖锐复杂。在新的历史起点上，我们要积极主动融入国家意识形态斗争大局，压紧压实意识形态工作责任制，管好管住意识形态阵地，确保全省始终保持平稳健康的经济环境、风清气正的政治环境、国泰民安的社会环境。

五

从科技格局看，宣传思想战线肩负着加快提升全省宣传思想领域治理效能的新使命新任务。

当前，大数据、区块链、元宇宙等信息技术革命深入发展，极大改变了舆论生态、文化业态、传播形态。在新的历史起点上，宣传思想领域要紧跟时代步伐，以数字经济发展创新区建设为契机，确保科技赋能宣传思想工作这个大方向看得清、把得住、做得实，推进全省宣传思想工作理念、内容、载体、形式、方法创新，推动关注的焦点、工作的重心、思维的方式、资源的配置向互联网这个主阵地、主战场聚焦聚力，持续丰富"文化＋科技"融合成果，加快塑造适应互联网时代的工作体系和格局，实现以先进技术提高全省宣传思想工作效能。

中共贵州省委宣传部政策法规研究室 执笔

2023 年 2 月 1 日

2023 年的贵州宣传工作有哪些重点

> 坚持文旅融合"一个根本",着力推动流量、质量"两大提升",把握资源、客源、服务"三大要素"做好文章,深入实施旅游产业化"四大行动",快谋划、快行动,在文化旅游全面恢复振兴中实现新的领跑和跨越。

一年的收成,始于春天的播种。刚刚召开的全省宣传部长会议,对 2023 年全省宣传工作进行了研究谋划和安排部署。具体说来,2023 年要重点办好五件大事。

第一件,围绕学习宣传贯彻党的二十大精神首要政治任务,坚持用习近平新时代中国特色社会主义思想武装全省干部群众头脑。

紧密结合党中央即将在全党开展的主题教育,在全面学习、全面把握、全面落实上下功夫,深化大学习大落实活动,推动学习宣传贯彻党的二十大精神往深里走、往实里走、往心里走。

突出抓好大学习，不断在认识上有新收获、在觉悟上有新提高、在思想上有新升华。创新开展大宣讲，特别是围绕"理论宣传二人讲"这一有效形式，深化拓展、引向深入，将其打造成全省理论宣讲的响亮品牌。全力推动大落实，在新征程上展现新气象、实现新作为。

以深化党的二十大精神学习宣传贯彻为契机，持续在"学之有心、信之有情、言之有物、传之有方、行之有效"上下功夫，健全理论学习教育工作体系、理论研究阐释工作体系、理论宣传普及工作体系，让更多鲜活的理论及研究成果"出圈"、扩散，"飞入寻常百姓家"。

第二件，围绕唱响强信心的社会主旋律，凝聚起推动贵州高质量发展实现新跨越的磅礴力量。

提振市场信心是 2023 年经济工作的大事要事。全省宣传思想工作要把强信心作为重中之重，全力呵护好心理预期、增强发展信心。

推动经济报道水平上台阶，多进行蹲点式调研采访，多反映热火朝天的场景，善于分析经济现象背后的本质、规律、趋势，增强经济报道的引领性、启发性，让人们看到喜人进展。

与团结奋斗的时代强音共振，精心开展主题宣传、形势宣传、政策宣传、成就宣传、典型宣传，做大做强主流思想舆论，引导全省干部群众以团结汇聚力量，用奋斗开拓新局。

持续对外讲好贵州精彩故事，组织好"中国式现代化的贵州故事"外媒行等重要外宣活动，以贵州缩影展示新时代中国形象。让世界"桥"见贵州，加强贵州桥梁的宣传，从万桥飞架看中国奋斗。

第三件，围绕培养时代新人，持续提高全社会文明程度。

坚持扶正、祛邪两手抓、两手硬，坚持以社会主义核心价值观为引领，统筹推进文明培育、文明实践、文明创建工作提档升级。

着力推动文明培育升级，实施"时代新人铸魂工程"，加大对道德模范、时代楷模、身边好人等先进典型的挖掘选树力度，持续引导其朝着正确方向发展，更好地发挥示范引领作用。

着力推动文明实践升级，加快推动新时代文明实践中心和县级融媒体中心两"心"融合，做到平时工作"和风细雨"、重大活动"疾风骤雨"、实际效果"春风化雨"，坚持"民有所呼、我有所应"，精准提供志愿服务。在乡村治理中进一步发挥精神文明建设的作用，全力培育文明乡风、良好家风、淳朴民风。

2023年是精神文明创建的大年，国家层面将组织开展一系列评选表彰。我们将继续推动文明创建升级，深化"五个文明"创建工作，深化"文明在行动·满意在贵州"活动。

第四件，围绕推进文化自信自强，推动文化事业和文旅产业高质量发展。

近年来，我们坚持以文化旅游融合为根本，坚持以文化科技融合为方向，形成了推动贵州文化高质量发展的有效路径。要在此基础上，固本培元、守正创新，抓紧抓实抓好几项工作。

实施重大文化工程。阳明文化和屯堡文化是贵州的两个"宝贝"。要从更好实现"两个结合"的高度，汇聚省内外多学科一流专家集中攻关，大力实施阳明文化、屯堡文化系统研究传播转化重大文化工程。

高度重视全省红色文化整体呈现，探索有效形式和载体，把全省红色资源有效整合起来、更好呈现出来。积极推进长征国家文化公园贵州重点建设区建设，确保长征数字科技艺术馆等标志性项目建成投用。

坚持文旅融合"一个根本"，着力推动流量、质量"两大提升"，把握资源、客源、服务"三大要素"做好文章，深入实施旅游产业化"四大行动"，快谋划、快行动，在文化旅游全面恢复振兴中实现新的领跑和跨越。加强打造旅游目的地城市的研究，尽快拿出总体方案并全力推进落实。

贵州有丰富的文艺题材、素材，要把丰富的文艺题材、素材挖掘出来，创作一批讲述贵州故事、展示贵州形象的文艺精品。办好多彩贵州文化艺术节，做好二次传播。

文化和科技的融合是必然趋势，要主动识变应变求变，以理念创新、技术创新更好地为宣传思想工作赋能增效。

第五件，围绕筑牢意识形态安全防线，压紧压实意识形态工作责任制。

树牢底线思维，发扬斗争精神，提高斗争本领，用足用好督查考核指挥棒，管住管好意识形态主阵地，练熟练好舆论引导基本功，坚决打好打赢意识形态主动仗，牢牢掌握意识形态工作领导权，建设具有强大凝聚力和引领力的社会主义意识形态。

2023年是贯彻党的二十大精神的开局之年，做好宣传思想工作至关重要。我们要时刻心怀"国之大者""省之大计""民之大事"，以"犯其至难而图其至远"的气魄，以"致广大而尽精微"的格局，以脚踏实地、笃实好学、求真务实的作风，大力弘扬学习风气、团结正气、实干锐气，把各项工作落小落细落实。

中共贵州省委宣传部政策法规研究室 执笔

2023年2月2日

以高质量宣传队伍推动宣传工作高质量发展

> 宣传思想工作是政治工作，宣传思想部门是政治机关，大事小情都要讲政治。政治过硬、对党忠诚始终是宣传思想队伍建设的"第一标准"。

前不久召开的全省宣传部长会议深刻分析了全省宣传思想工作面临的新使命新任务，明确了全年工作总的要求和重点事项。

"政治路线确定之后，干部就是决定的因素。"落细落实全年各项工作，不是踱着方步、哼着小曲就能做到的，需要一支政治过硬、本领高强、求实创新、能打胜仗的队伍坚持不懈用脚力去探寻、用眼力去观察、用脑力去思考、用笔力去传播，最终让决策部署落地生根、开花结果。

换句话说，我们要以高质量的队伍建设推动实现高质量的发展目标。

一

人们形象地把宣传思想队伍及其地位功能说成是"笔杆子""冲锋号""喉舌""喇叭",使命何其光荣、责任何其重大。要履行好这样的职能职责,没有忠诚之心是做不到的,更不会取得任何胜利。

宣传思想工作是政治工作,宣传思想部门是政治机关,大事小情都要讲政治。政治过硬、对党忠诚始终是宣传思想队伍建设的"第一标准"。全战线每一名共产党员、每一位党员干部都要旗帜鲜明讲政治,以党的旗帜为旗帜、以党的方向为方向、以党的意志为意志,任何时候任何情况下都要坚持对党绝对忠诚。

对党忠诚不是抽象的,而是具体的;不是空喊口号,而是知行合一。工作中要始终胸怀"国之大者""省之大计""民之大事",对治国理政的重大原则、重大立场和重大利益做到心明眼亮,多打大算盘、算大账,更好担负起举旗帜、聚民心、育新人、兴文化、展形象的使命任务,做到既在宣传工作上有所建树,又能为党和国家大局添彩。坚决不允许各自为政、自行其是,坚定不移确保"两个维护"体现在思想认识上、实际行动上,更体现在工作效果上。

二

领导干部作为"关键少数",必须发挥好"领"的作用和"导"的功能。具体来说,全省宣传思想战线的领导干部要做到"五领"和"三导","五领"即领学、领研、领干、领督、领评,"三导"即导方向、导协调、导作风。

领学,即把习近平总书记重要指示批示精神和中央、省委重大决策部署学深悟透,切实提高理论素养和能力水平,从根本上解决"本领恐慌"的问题。领研,就是肯思考、善研究,把情况摸清楚,把思路捋清楚,不当甩手掌柜。领干,做到既要挂帅,也要出征;既要当设计师、工程师,也要做施工队长、泥瓦匠。领督,即以督查及时了解工作进度、找准问题短板,指导地方和部门改进,切实解决"中梗阻"的问题。领评,就是深入评估工作成效,树立赏优罚劣的鲜明导向,不能光插秧不割稻。通过"五领",构建"品"字形工作机制,即品字的上面一个"口"为决策,下面两个"口"分别为执行和监督,形成对决策落地落实的坚实支撑。

导方向,即确保政治方向、舆论导向、价值取向不出现偏差。导协调,即加强党的全面领导,妥善处理好各方关系,使工作运转更顺畅。导作风,就是以身作则、以上率下正言正行,力戒形式主义、官僚主义。

榜样的力量是无穷的。领导干部立身正、为政正，才能以"关键少数"示范带动"绝大多数"，也才能聚人心、合众力，更好地闯新路、开新局。

三

2023年全国宣传部长会议强调，大兴读书学习、调查研究、狠抓落实之风并大力改进文风。这和全省宣传思想战线一直以来倡导的学习风气、团结正气、实干锐气是内在统一的。

让学习风气更浓厚。《论语》讲："仕而优则学，学而优则仕。"常人只道"学而优则仕"这后半句，并以此激励自己刻苦读书，希望来日出人头地。为政者则要看重前半句，善学善思，强化"开卷有益"意识、培养"天天学习"习惯，既学理论、又学业务，既向书本学、又向实践学，使好学能文蔚然成风。

让团结正气更充盈。"团结"是贯穿党的二十大报告的一个重要关键词。团结就是力量，上下同欲者胜。我们要努力做到"文人相亲""文人相爱"，在党的创新理论的引领下、在共同理想的基础上团结起来，凝聚共同意志、推进崇高事业。

让实干锐气更磅礴。树立崇尚实干、狠抓落实的鲜明导向、脚踏实地、埋头苦干、笃实好学、尊重实际、求真务实、注重实效，靠实干开创更加美好的未来。发扬钉钉子精神，一锤接着一锤敲，一步一个脚印地往前推，真正把工作成效体现在发展指标上、体现在改革突破上、体现在困难问题的解决上。

大兴调查研究之风。习近平总书记强调："要了解实际，就要掌握调查研究这个基本功。"坚持目标导向、问题导向、结果导向，坚持调研式推进重点工作，真正摸实情、谋良策、解难题。

大力改进文风。倡导短、实、新的行文风格，杜绝"假、大、空"，鼓励讲实话、有新意、显个性。

四

功以才成，业由才广。只有高质量的人才，才能干出高质量的工作。这方面，要充分用好现有人才、靶向引进优秀人才、重点培养未来人才。

人才需要识别，更需要锤炼，既要"伯乐相马"，也要"赛场选马"。要坚持到急难险重任务中去发现人才、在关键吃劲岗位上去磨砺人才。坚持旗帜鲜明、赏罚分明，让"躺平"者出局、让"摆平"者出彩。

正视"马之千里者，一食或尽粟一石"的规律，"引凤先"筑巢"，坚持以事业引人，以感情和适当利益留人。善于打破传统思维，对高精尖人才的引进，可以打破内设机构"拆一建一"的局限，给一块"地"而不是给一把"椅子"，由领军人才带领，打造一支团队。

　　立足宣传思想工作实际，放眼未来发展需要，以提高政治能力为根本、以增强专业本领为关键、以锐意创新创造为紧要、以培养优良作风为基础，研究制定支持文艺高层次人才、创新创业人才培养工作的配套措施，着力培养本地的大家、名角。

中共贵州省委宣传部政策法规研究室　执笔

2023 年 2 月 17 日

贵州"理论宣传二人讲"为何能受到群众欢迎

> 贵州"理论宣传二人讲"源于党史学习教育的实践探索。所谓的"二人讲",就是由一名专家加一名先进典型,一个讲理论、一个讲实践,一个讲道理、一个讲故事,以互动的形式,面向基层和群众进行宣讲。

理论宣讲是传播党的理论和路线方针政策的重要途径,也是密切党群干群关系的有效形式。党的二十大召开以来,贵州扎实抓好党的二十大精神学习宣传贯彻,着眼党的二十大精神"飞入寻常百姓家",在传统宣讲方式的基础上,创新开展"理论宣传二人讲",受到干部群众的普遍欢迎,使党的二十大精神生动鲜活、寓教于乐、润物无声,充分展示了"理论宣传二人讲"的显著效用和独特魅力。

一

"理论宣传二人讲"是什么？

贵州"理论宣传二人讲"源于党史学习教育的实践探索。所谓的"二人讲"，就是由一名专家加一名先进典型，一个讲理论、一个讲实践，一个讲道理、一个讲故事，以互动的形式，面向基层和群众进行宣讲。组建队伍时，做到省市县三级联动、上下结合，省市县三级都组建宣讲组，注重挑选政治素质好、理论水平高、宣讲能力强的骨干力量作为宣讲组专家学者人选。从基层一线各行各业模范代表、优秀工作者、优秀师生代表中，挑选基层情况熟、实践经验足、联系群众紧、具有一定宣讲能力的先进人物作为宣讲组先进典型人选。以党的二十大精神宣讲为例，贵州省委宣传部指导省社科联组建5支二人宣讲组，在省直有关单位和各市（州）开展宣讲。省委军民融合办、省直机关工委、省委教育工委、省国资委结合实际各组建2支左右二人宣讲组，在本系统基层单位开展宣讲。

从在党史学习教育中探索出"理论宣传二人讲"的新模式。一年多来，贵州宣传思想战线坚持在实践中探索，在总结中提升，不断丰富"理论宣传二人讲"的内涵和外延，在农村、在社区、在机关、在企业、在学校、在军营、在"云端"，"理论宣传二人讲"成为一个个火热场景，成为筑牢全体人民共同思想基础的生动实践。截至目前，全省上下已组建理论宣传二人宣讲组 1340 个，开展互动式宣讲 2000 余场。

二

"理论宣传二人讲"为何能受到群众的认可和欢迎？

产生了"1+1>2"的效果。系统论的核心思想认为，整体大于部分之和。传统的宣讲方式，主要是理论专家作单向度的宣讲。"理论宣传二人讲"的方式，不仅仅是宣讲的人增加了，重要的是，这种形式的创新产生了良好的化学反应，理论专家帮助群众及时全面了解党的理论创新成果和国家的大政方针，先进典型的经历使群众从中获得启迪、找准奋斗方向。理论与实践相辅相成、相互印证，一唱一和、一问一答之间，宣讲更有张力、说服力和感染力，使群众不只是停留于记住一些概念，更能从实践中加深对中国共产党领导和中国特色社会主义制度优势的领悟，由内而生"四个自信"。

实现了想说的与想听的有效结合。随着中国特色社会主义事业不断向前推进，人民群众一方面对理论有需求，另一方面对实践认知也有普遍需求。"理论宣传二人讲"的方式，同时满足了群众的上述需求。不仅如此，贵州在实践中，注重宣讲的供需对接，努力使宣讲符合群众所思所想所盼。在黔东南州凯里市，当地统筹打造 21 个"理论宣传二人讲"特色项目，通过"理论专家+帮扶干部""理论专家+先进典型""理论专家+致富能手""理论专家+农技专家"等方式，讲好新理论、新政策、新目标、新部署。在黔南州，以州、县党校的理论学者搭配一名先进典型，组成州、县两级二人宣讲组并向社会公布，由基层和群众点单，按需进行宣讲。

  互动性带来了生动性。"理论宣传二人讲"一个鲜明的特点，是具有互动性，不仅台上二人可以互动，台上台下也可以互动。台上二人的互动，增添了宣讲的趣味性，让宣讲变得"有意思"，给人耳目一新的感觉。台上台下的互动，改变了"填鸭式"灌输的刻板模式，增强了群众的参与感，实现了理论的深度、见证者的角度、"主人翁"的维度相统一。在全方位的互动中，思想得以交流交融，台上台下形成同频共振的生动局面。在黔东南州麻江县，县委党校教师刘运辉与省劳动模范、水城村党支部书记罗传彬组成二人宣讲组，从生态环保、就业养老到医疗教育，从村寨近年来的发展到未来五年的规划，两人采取你问我答的方式，一个讲党的二十大精神，一个结合村情讲身边发展的故事，用有干货、有情节的宣讲，引起在场群众的强烈共鸣。

三

  马克思曾经说过，理论一经掌握群众，也会变成物质力量。当今世界正面临百年未有之大变局，我国正处于实现中华民族伟大复兴的关键时期，团结带领人民实现党的二十大确定的战略目标，夺取中国特色社会主义事业新胜利，要求我们更好地推动各族群众统一思想、凝聚力量，引领各族群众同心同德、团结奋斗。作为党的理论武装工作的重要组成部分，做好新时代的理论宣讲工作意义重大。同时也要看到，理论宣讲作为一门"讲道理"的艺术，要真正实现入脑入心并不简单。搞好理论宣讲，关键是群众喜欢听、喜欢看，并且听得懂、能领会、可落实。这就要求我们不断适应时代发展潮流和实践需要，把握宣讲工作规律和特点，坚持以人民为中心的发展思想，与时俱进推动理论宣讲推陈出新。

在新时代新征程上，我们要坚持马克思主义在意识形态领域的指导地位，深刻领悟"两个确立"的决定性意义，增强"四个意识"、坚定"四个自信"、做到"两个维护"，守正创新推动理论宣讲手段、内容、语言创新，更好地发挥理论宣讲的"播种机"作用，推动习近平新时代中国特色社会主义思想深入人心、落地生根，推动马克思主义中国化时代化大众化，持续筑牢全体人民团结奋斗的共同思想基础。

蔡鹏　执笔

2022 年 12 月 27 日

百年大党如何用好调查研究这个"传家宝"

> 现在,党团结带领中国人民又踏上了实现第二个百年奋斗目标新的赶考之路,征程越是壮阔,目标越是远大,用好调查研究这个"传家宝"就显得越加重要。

近日,中共中央办公厅印发《关于在全党大兴调查研究的工作方案》,并发出通知,要求各地区各部门结合实际认真贯彻落实。方案开宗明义,直截了当指出"调查研究是我们党的传家宝"。从我们耳熟能详的"没有调查研究,就没有发言权"到"调查研究是谋事之基、成事之道。没有调查就没有发言权,没有调查就没有决策权",充分体现了时代各有不同,精神一脉相承,也体现了新时代我们党对调查研究新的思考、新的要求。

百年沧海桑田,历史恒流,一代代共产党人在推进党的自身建设和社会革命的进程中,始终把调查研究作为重要的思想方法和工作方法,牢牢把握历史主动,推动了党和国家事业薪火相传、滚滚向前。现在，党团结、带领中国人民又踏上了实现第二个百年奋斗目标新的赶考之路，征程越是壮阔，目标越是远大，用好调查研究这个"传家宝"就显得越加重要。

一

调查研究何以成为百年大党的"传家宝"？

纵观我们党百年发展历程，在革命、建设、改革的实践中，调查研究贯穿始终，并坚持了"从中国实际出发，洞察时代大势"的优良传统。总的来看，20世纪曾有过三次影响较大的关系党和人民事业得失成败的调查研究实践活动。

20世纪30年代初，教条主义、经验主义的错误思潮从共产国际蔓延到了中国，在年轻的中国共产党中产生了严重影响。以毛泽东为代表的中国共产党人在历史紧要关头广泛深入社会调查，特别是进行了艰苦的农村调查，写出了《湖南农民运动考察报告》《中国的红色政权为什么能够存在？》《星星之火，可以燎原》等著作，从理论上阐明了中国革命必须走农村包围城市、武装夺取政权的道路。

20世纪60年代初，为尽快改变中国贫穷落后的面貌，党力图在探索社会主义建设道路上打开一个崭新的局面，但由于对大规模建设社会主义的经验不足，背离了党一向提倡的实事求是原则，凭主观愿望和意志办事。结果事与愿违，党和人民面临新中国成立以来前所未有的严重经济困难。党中央决心认真调查研究，纠正错误，调整政策。在党的八届九中全会上，毛泽东向全党发出了大兴调查研究之风的号召。全会一结束，毛泽东立即组织三个调查组到浙江、湖南、广东农村进行调查。在调查研究的基础上，制定了"农业六十条""工业七十条"等，标志着党的实事求是精神在一定程度上得以恢复，为克服严重经济困难、促使国民经济恢复发展提供了重要思想武器。

1978年前后，中国面临向何方去的关键抉择。邓小平于1978年9月13日至20日在北方四省一市通过调查研究形成的"北方谈话"，呼应了当时正在全国开展的真理标准问题大讨论。在这次调研中，邓小平首次提出了全党工作中心转移的战略问题，这实际上提出了党和国家工作重点从"抓纲治国"转到以经济建设为中心上来的主题，为党的十一届三中全会实现伟大的历史转折奠定了思想和政治基础。

习近平总书记指出，"解放思想、实事求是、与时俱进，是马克思主义活的灵魂"。以历史的视角来看，这三次发生在革命、建设、改革关键时刻的调查研究，印证着调查研究是解放思想的源头活水，是实事求是的实现形式，是与时俱进的重要路径，集中体现了马克思主义活的灵魂，重要性不言而喻。

二

新时代新征程为何还需"传家宝"？我们要从历史和现实、国内和国际、理论和实践相结合的角度来审视。

统筹好"两个大局"离不开调查研究。当前，世界百年未有之大变局加速演进，新一轮科技革命和产业变革深入发展，世界进入新的动荡变革期，不确定、难预料因素增多。党的二十大正式提出了新时代新征程中国共产党的中心任务，面对前进道路上改革发展稳定躲不开、绕不过的深层次矛盾，面对更加严峻复杂的风险挑战和困难问题，迫切需要通过调查研究把准事物的本质和规律，找到破解难题的办法和路径，从而在危机中育先机、于变局中开新局，在具有许多新的历史特点的伟大斗争中抢占先机、赢得主动。

不断回答人民之问离不开调查研究。习近平总书记强调，"江山就是人民，人民就是江山。共产党打江山、守江山，守的是人民的心。"守好人民的心，就要始终坚持人民至上，为不断满足人民群众对美好生活的向往而奋斗，始终与人民想在一起、站在一起、干在一起。现在，手机、互联网、电视等渠道为我们关注民生、了解民意提供了便捷，但从群众中来、到群众中去、密切联系群众的光荣传统和优良作风永远不能丢。这就要求我们用好调查研究这个联系群众最直接、最主要的方式，深入基层倾听群众呼声、关心群众疾苦、反映群众愿望，解决群众急难愁盼问题，不断增进与人民群众的感情，保持与人民群众的血肉联系。

时刻保持解决大党独有难题的清醒和坚定离不开调查研究。我们党作为世界上最大的马克思主义执政党，组织规模之大、党员人数之多，都是独一无二、前所未有的。辩证地看，大有大的优势，大也有大的难处。在二十届中央纪委二次全会上，习近平总书记作出了"六个如何始终"的重要论述，为全党时刻保持清醒和坚定解决大党独有难题指明了行动方向、提供了根本遵循。回答好"六个始终"，要求我们把调查研究作为基本功，不断深化对共产党执政规律、社会主义建设规律、人类社会发展规律的认识，对全面从严治党存在的问题短板保持清醒认识，不断推进党的自我净化、自我完善、自我革新、自我提高，使党永远不变质、不变色、不变味，始终成为中国特色社会主义事业的坚强领导核心。

三

大兴调查研究，全党正在动起来。如何用好调查研究这个"传家宝"，切实以发现问题、解决问题推动高质量发展，关键在于知行合一、求真务实、一以贯之，防止走过场、一阵风，真正做到心到、身到。

腿要勤，切忌"走马观花"。入深山采好药，临深池钓大鱼。毛泽东为了真实掌握农民革命斗争情况，用了32天的时间，徒步实地考察了湘潭、湘乡、衡山、醴陵、长沙五个县，才写出了著名的《湖南农民运动考察报告》。调研不能"走马观花""蜻蜓点水"，更不能做深井里的"葫芦"，看似下去了，实则浮在表面。多开展蹲点调研、解剖麻雀式调研，不畏"风里来雨里去"，才能真正摸清摸透实情。特别是要多到困难多、群众意见集中、工作打不开局面的地方和单位调研，勇于攻坚克难、啃"硬骨头"。对调研中发现的重要情况，要尽量扩大样本量，多看多对比，防止用局部代替全部、用个体代替整体。

眼要明，切忌"雾里看花"。调查研究的初心和关键是发现问题、解决问题，不是为了走过场，如果认识只是停留在"去过了"的层面，不可能拿出高质量的调研报告。领导干部要掌握调研活动的主动权，避免出现"被调研"现象。调研中可以有"规定路线"，但还应有"自选动作"，多采取"四不两直"的方式，力求准确、全面、透彻了解情况。调研不能只看"盆景"、不看问题，也不能只听"汇报"、一听了之，要思考在前，带着问题下去，主动发现问题，既报喜也报忧。

脑要思，切忌"浅尝辄止"。从发现问题、分析问题到解决问题，写什么、怎样写，都离不开"脑力"。这就要求我们勤写、勤记，把调查掌握的情况随时记录下来，做到有观察、有细节，在此基础上运用分析综合、演绎归纳、分类比较等方法，围绕"点与面""质与量""因与果"等展开分析研究，深入分析问题的实质，对症下药、顺藤摸瓜，找准解决问题的办法，提出具有前瞻性、战略性、全局性的意见建议，做到言之有物、言之有理，努力追求"沉下去，成为农民；走出来，再成为研究者"的境界。同时，调研报告要直奔主题、言简意赅，反对"假长空"，不讲空话套话，不搞八股文章。对调研中发现的问题，有的要做好问题交办，属于本系统本领域的，还要制定解决措施、压实工作责任，加强督查回访、跟踪问效，使调查研究在推动高质量发展上见实效。

身段要低，切忌高高在上。上级用官僚主义指导，下级就用形式主义应对。共产党人要时刻牢记第一身份是党员，时时处处维护党员良好形象，做到调查研究轻车简从，厉行节约，严格执行中央八项规定及其实施细则精神，不搞层层陪同。调研时要加强统筹，避免一阵风往基层跑，给基层造成接待负担，分散抓工作的精力和时间。还要善于"接地气"、讲群众话，多交几个能说心里话的基层朋友；甘于当"小学生"，抱着虚心求教的态度，善于发现和总结基层和群众创造的新鲜经验，把实践中形成的有效管用的办法举措归纳好、提炼好，形成可推广、可复制的经验。

王娅　蔡鹏　执笔

2023 年 3 月 29 日

调查研究的目的就是解决问题

> 实事求是、一切从实际出发,是调查研究工作应保持的最基本的态度,务实必须成为调查研究从始至终的工作要义。

调查研究的目标设定,必须是"解决问题"。

中共中央办公厅印发的《关于在全党大兴调查研究的工作方案》明确指出,世界百年未有之大变局加速演进,不确定、难预料因素增多,国内改革发展稳定面临不少深层次矛盾躲不开、绕不过,各种风险挑战、困难问题比以往更加严峻复杂,迫切需要通过调查研究把握事物的本质和规律,找到破解难题的办法和路径。

2023年4月3日,党中央召开学习贯彻习近平新时代中国特色社会主义思想主题教育工作会议,强调要组织广大党员、干部特别是各级领导干部扑下身子、沉到一线,深入农村、社区、企业、医院、学校、"两新"组织等基层单位,把脉问诊、解剖麻雀,进行问题梳理、难题排查,运用党的创新理论研究新情况、解决新问题。开展调查研究，就是要奔着问题去。

做调查研究，理论提炼、经验总结是题中应有之义，但目的还是解决问题

理论如果不以实践为基础，那就会一直是灰色的，长不出长青的生命之树；经验如果不以实践为目标，那也只能是空中楼阁，会很快在时代列车的呼啸声中消逝。

不管是直奔解决问题而去，还是为了探索发展规律而往，调查研究更多的不是为了"锦上添花"，而是为了实实在在地"雪中送炭"，更不能把"问题导向"看成虚置的理念前提，它是务实的思想准绳。

在当前的调查研究决策语境中，我们可以把需要抓好这项工作的领导干部大致分为两类：一是专门负责决策研究和咨询的调研人员；一类就是直接负责政策执行的各级领导干部。理想状态下，前一类擅长发现问题、分析问题并形成决策建议报告，后一类擅长上下贯通、资源组合、协调各方力量推动问题解决。

不管什么人做调查研究，解决问题都是调研的首要任务。但是不理想的状态也存在：在调查研究工作中存在一种现象，即不少人的调查研究，大抵是"为了调研而调研"，更有些

人甚至是以追求得到"领导批示"而调研，前者是典型的形式主义，后者却是实实在在的唯上主义，都不应该出现在我们的调研工作中。

实事求是、一切从实际出发，是调查研究工作应保持的最基本的态度，务实必须成为调查研究从始至终的工作要义

"为了调研而调研"的现象必须杜绝，因为其本身的目的并不在发现问题、解决问题，可能就是"表明一个态度"，是"上有政策下有对策"的形式主义翻版，他们所调研的对象、对象所反映的问题、问题的真实程度都值得怀疑。

而纯粹为了"领导批示"进行的调研，绝大多数可能是并不具有典型意义泛泛而谈，提出的解决方案并不具有解决问题的可操作性。问题提了"一二三"条，办法也提了"一二三"个，但是有多少是真正的"制敌实招"而非纸上谈兵？

调研机构和决策研究者，懂政策、熟悉决策程序，是发现问题、推动问题解决的重要力量，也非常了解"领导重视"的问题。"领导重视"的问题很多肯定是真问题，需要下力气进行扎实调研和提出解决方案，"领导批示"也是为了更好推动问题解决。衡量调研效果的基本原则，是实际问题是否得到解决，而不是止于"出一份调研报告"或得到"领导批示"。

实践是检验真理的唯一标准。那些"为调研而调研"、为了"领导批示"而写出的调研报告,是否经得起实践的检验,要打个大大的问号。正如我们一贯反对的"走过场"式调研、"盆景"式调研,都是形式主义的假调研,解决不了实际问题。

做调研一定是奔着具体问题去的,需要在实地调查中发现纾困办法

解决问题并形成有效经验,是调研所要达成的目标,因此,调研的过程必须是脚踏实地的,是问题导向的,是要具备长远考虑和系统观念的,否则就会陷入唯上唯虚不唯实的形式主义陷阱。

对于寻找解决问题的办法,需要向基层、向一线、向当事人学习。打通政策堵点、打开市场通道、打消群众疑虑,很多时候其实并不需要形式上多么漂亮的调研报告,只要走到群众中去,把困难了解清楚,把问题的形成原因搞清楚,把解决问题的思路理清楚,就能找出解决问题的办法,工作成效就能得到群众的认可。

没有调查就没有发言权,没有正确的调查同样没有发言权。我们也可以说,没有调查就没有执行力,没有正确的调查就没有正确的执行力,对一个地方、一个领域、一个行业所出现的问题如果不进行深入调查研究,所作出的决策出现偏差甚至错误的可能性就相当大。

"有一是一、有二是二，既报喜又报忧，不唯书、不唯上、只唯实。"这是调查研究的重要行动指南。

我们至少牢记三点：调查研究必须是以问题和解决问题为导向；警惕调查研究所针对的宏大叙事陷入"大而不当"的形式主义套路，同时也要警惕群众个体诉求陷入无人问津的官僚主义黑洞；在防止"本本主义"的同时，要警惕没有扎实正确调查研究的"盲动主义"，否则祸患无穷。

说一千道一万，还是归结于那句斩钉截铁的话：调查研究的目的就是"解决问题"！

岳振　执笔

2023 年 4 月 17 日